兩岸哲學對話

——廿一世紀中國哲學之未來

編者：林安梧　　對談者：林安梧　郭齊勇
　　　　　　　　　　　　　歐陽康　鄧曉芒

臺灣　學生書局　印行

對談者簡介：

林安梧　臺灣師範大學國文學系教授
　　　　《鵝湖》學刊主編

郭齊勇　武漢大學哲學系教授兼人文學院院長

鄧曉芒　武漢大學哲學系教授

歐陽康　華中科技大學教授暨哲學研究所所長

圖一　「中國哲學之未來」的對談海報（2000年）

圖二　珞珈哲學對談，右起郭齊勇、林安梧、歐陽康（2000年）

圖三　珞珈兩岸哲學對談聽眾一景（2000年）

圖四　林安梧在武漢大學人文科學館前

圖五　右起：鄧曉芒、林安梧、歐陽康三位教授

序　言

　　自一九八八年冬，參加香港中文大學以及香港法住文化書院舉
辦的《唐君毅思想國際會議》，我與大陸學者有了些交往，這十多
年來，頻繁而豐富。交往的層面雖仍圍限於學術界，但彼此對文化
傳統之認取與未來之發展，愈為關切，往返之討論亦漸多。二〇〇
〇年初，趁教授休假，四月間我在大陸訪問講學了一個月，自廣州
而武漢，自武漢而北京，再由北京到上海，由上海到廈門，再經香
港返回臺灣。這廿八天，我共進行了廿三場的講演（及座談），大體
都環繞在「中國哲學未來發展諸問題」上。

　　印象特別深刻的是在武漢大學哲學系訪問時，與歐陽康教授、
郭齊勇教授、鄧曉芒教授做了一次「中、西、馬」對談（中國哲學、
西洋哲學與馬克思主義哲學的互動融通之可能），在北京方克立教授主持
的中國社科院研究生院講「廿一世紀的中國哲學」。總的來說，我
深切的感受到中國哲學界有一種邁向世界的急迫感。當然，這樣的
急迫感是不能忽略大陸對岸的臺灣。不管未來的政治形勢如何，臺
灣在未來兩岸的統合裡，他多少扮演著重要的觸動者、交談者，也
可能是新的締造者之一。不管是後新儒學的締造、後馬克思主義哲
學的發展、後現代西方哲學的發展，這樣的「後」與其說帶有顛覆
性的批判，無寧說是帶有批判的繼承；總的來講，我們可以肯定的

說中國哲學將朝向一可能的統合發展，而這是中、西、馬三方的恰當對話，所達致的進一步發展。

　　這本《兩岸哲學對話：廿一世紀中國哲學之未來》主要是以在武漢大學的「武漢會談」爲主軸，並邀請參與「對談」的四位講者再提出部分相關論文而構成的。

第一章、導論：
　　　　邁向廿一世紀臺海兩岸哲學發展的一個觀察（林安梧）
第二章、武漢會談：中國哲學之未來——中國哲學、西方哲學
　　　　與馬克思主義哲學的交流與互動（林安梧、郭齊勇、歐陽
　　　　康、鄧曉芒）
第三章、儒家人文精神與全球化（郭齊勇）
第四章、世紀之交中國哲學的回顧、透視與展望（歐陽康）
第五章、論中國哲學中的反語言學傾向（鄧曉芒）
第六章、臺灣哲學的貧困及其再生之可能：對於《臺灣、中國：
　　　　邁向世界史》論綱「貳」、「參」的再解釋（林安梧）
第七章、評所謂「新批判主義」（郭齊勇）
第八章、異化理論、社會主義與人類未來：當前西方學者視野
　　　　中的馬克思主義哲學一瞥（歐陽康）
第九章、蘇格拉底與孔子的言說方式比較（鄧曉芒）
第十章、從眞理標準討論到建構馬克思主義哲學的當代形態：
　　　　面向廿一世紀的中國哲學發展戰略構想（歐陽康）
第十一章、關於中國哲學統合發展的一個可能向度：以「生活
　　　　世界」與「意義詮釋」爲核心的思考（林安梧）

　　人生之樂，莫過於論學，孔子有言「學而時習之，不亦悅乎！」當生命經由教養學習而入於文化道統之源，那種由然綻放的智慧之光，其喜悅眞莫可以已。蓋悅者，悅於道也，因眞理之顯現而悅也。「有朋自遠方來，不亦樂乎！」志同道合，相知相惜，品茗論道，雖有攻錯，何異練功，何其樂也。蓋樂者，以其彼此之眞實感通而樂也，依於仁而游於藝之樂也。「人不知而不慍，不亦君子乎！」學問是「爲己之學」，重在自家身心安頓，不假外求，既已破解了外在的社會階位，而眞切的回到自家生命德行的生長，這生長便是君子之德的生長。

　　或者應這麼說，這本文集的編成只是做爲十餘年大陸講學的一個小小誌念而已，當然難窺全豹，但以管窺豹，亦可見一斑，期願它對於兩岸哲學發展關心的朋友可以提供一個窗口。小小的誌念卻有著淵涵的深情與厚義，因爲存在的覺知與眞實，是跨過一切話語、文字之上的。

　　「暮春者，春服既成，冠者五六人、童子六七人，浴乎沂，風乎舞雩，詠而歸」。這是我最所嚮往的！

癸未之秋重陽後二日　　序於深坑元亨居

兩岸哲學對話：
廿一世紀中國哲學之未來

目　　錄

序　言---林安梧 ------ I

第一章　導論：邁向廿一世紀臺海兩岸哲
　　　　學發展的一個觀察----------------------------林安梧 ------ 1

第二章　武漢會談：中國哲學之未來──
　　　　中國哲學、西方哲學與馬克思主義哲
　　　　學的交流互動----林安梧　歐陽康　鄧曉芒　郭齊勇 ----- 11

第三章　儒家人文精神與全球化----------------郭齊勇 ----- 69

第四章　世紀之交中國哲學的回顧、透
　　　　視與展望----------------------------------- 歐陽康 -----85

第五章　論中國哲學中的反語言學傾向----- 鄧曉芒 -----99

第六章　臺灣哲學的貧困及其再生之可能
　　　　──對於《臺灣、中國：邁向世界史》
　　　　論綱「貳」、「參」的再解釋 ----------- 林安梧 --- 117

第七章　評所謂「新批判主義」 ---------------- 郭齊勇 --- 149

第八章　異化理論、社會主義與人類未來
　　　　──當前西方學者視野中的馬克思主
　　　　義哲學一瞥 ------------------------------- 歐陽康 --- 157

第九章　蘇格拉底與孔子的言說方式比較 - 鄧曉芒 --- 177

第十章　從真理標準討論到建構馬克思主
　　　　義哲學的當代形態──面向廿一世紀
　　　　的中國哲學發展戰略構想 -------------------- 歐陽康 --- 193

第十一章　關於中國哲學統合發展的一個
　　　　可能向度──以「生活世界」與「意
　　　　義詮釋」為核心的思考 ------------------------ 林安梧 --- 213

第一章 導論：邁向廿一世紀臺海兩岸哲學發展的一個觀察

林安梧

一

　　由廿世紀進到廿一世紀，中國哲學是離不開國際哲學脈絡的。大體說來，它可被置於「反實體主義」的傾向，及其伴隨而來的解構風潮來理解。反實體主義可以視爲現代化之後的一個重要風向。在這風向下，哲學家們展開了有關「現代性」、「工具理性」的徹底反省，這一波反省，使得大家重新正視「人的異化」問題。人的異化問題不只是資本主義所帶來的經濟剝削問題，它更是人內在離其自己，而失去了靈魂之鄉的問題。現代人，一個失喪了靈魂安宅的工具性理性的存在，一個枯槁而蒼白的被掏空的存在。存在的迷失、形上的迷失下，人不得不面臨意義的危機（the crises of meaning），但又萎蹶無力。

　　這樣的危機且無力的狀態，表現在哲學上，卻引發了另一層次的「存有安宅」的探索，當然在另一個對立端的解構張力下，不可

能有一衡定的建樹。代之而生的是，全面的解構、點滴的生長以及因之而生的多元的承認。其實，這樣的承認與其說是真理的通達，毋寧說是權力的擺平。儘管對於「知識」與「權力」問題的探索極為眾多，但正只凸顯問題的嚴重性，並不意味對這些問題有著深入而恰當的恆定答案。

　　這樣的氣氛衝擊到全世界的哲學發展，世界觀的紛歧、方法論的雜多、價值的紊亂，而這通通被視之為多元，雖然努力的要去找尋共識，但卻難之又難。或者，我們可以說，哲學面臨這樣重大的危機，正顯示一波根源性的瓦解與重建的問題。在諸多話語系統被承認為多元下，一方面我們在找尋存有的安宅，而另方面則又對於話語的安宅進一步的瓦解。

二

　　中國哲學的一個統合之可能發展，看起來與上面所闡釋的狀況似乎沒那麼嚴重的關係；但我要說做為哲學話語交談一方的中國哲學是不能外於上面所說的氛圍的；儘管，它或者沒有被引到揭然明白的表層，但它早已滲到我們必須去正視的話語結構之中。我們必須依著這樣的「理解憑據」（the horizon of understanding），去了解中、西、馬（中國哲學傳統、西洋哲學傳統、馬克思主義傳統）的話語之轉化與創造，並尋求其發展的可能。

　　這二十多年來，原先加諸中國傳統哲學的正統馬克思主義式的暴力系統已然褪落；儘管框框已經不見了，但原先馬克思主義所形成的一整套話語系統仍然存在。這樣的存在，與其說是一種限制，

毋寧說是一種必然的轉化與創造。在中國大陸的中國哲學研究，照理說應該因為這個因素，使得他們習慣經由歷史社會總體的省察來審視，並且多已能由傳統的話語系統轉化成現代的哲學話語系統。他們的運用與操作或者多有瑕疵，但無可懷疑的，這樣的跨出應該被視為中國哲學邁向國際的必要進程。

以馬克思主義的研究者而言，他們將馬克思主義哲學轉化成「人學」的探討。人學的探討包括了新馬克思主義的嶄新向度，也涉及到文化人類學、宗教社會學、政治經濟學、心靈治療學、倫理學、價值哲學等等論題。中國哲學的研究方面，脫落了馬克思主義的教條，但多少吸收了原先從中而來的哲學概念範疇與思想方法，因而諸如像邏輯思想史、範疇論的中國哲學著作所在多見。還有，受到港臺新儒學的影響，中西哲學之比較與融通的思考，有了進一步的開展。當然，西方哲學的多元發展，像來自於分析哲學、自由主義傳統的挑戰，而多少對於政治的民主化、社會的自由化起了一定的作用。又近年來深受歐陸哲學，如現象學、解釋學的影響，對於中國哲學的經典之詮釋與重建起了新一波的作用。當然，伴隨著時代的變遷，由改革開放的氣氛開啓的法律哲學、政治哲學，乃至教育哲學的探討，也是多元而具有活力的。

上面所說，是放在一個大的脈絡下的審視，是一總體而概括的審視；我們若就個別的大流來說，我們可以發現兩岸自八○年代以來，多有互動、影響。明顯地，港臺新儒學的影響最大，它正式成為重要國家研究項目，在當代新儒學研究課題組的帶動之下，它集結了一大班人，做出相當可貴而重要的成果。儘管，彼此的意識型態並不是很一致，但無可懷疑的，當代新儒學原先的反共根芽倒是

自然而然的被淡去，這一方面可能是有意的忽略，另方面則顯示大陸已不再是意識型態掛帥了。

新儒學強烈的唯心特質，這是不容懷疑的。在方法論上，他又多注重形而上的追溯，而忽略了歷史發生原因的考察。就實踐的層面來說，他注重的又多是心性修養，而忽略了社會公義的講求。儘管，他曾經極力的反對共產主義，但力量仍然是抽象而空洞的；或者，更準確的說，他實不免與傳統封建的力量連在一起來反共。現在的中共又成了一新的類型的傳統封建，當代新儒學不但失去了反共的熱情，而且也自然而然成了中共須要存在下去的護符。眞的，歷史是極爲弔詭的，政治上沒有永遠的敵人；思想上也是這樣子的。

當然，馬克思主義的退潮，當代新儒學道統說的滲入，這樣的歷史事實並不適合理解爲只是做爲中共當前的護符而已。有趣而重要的是，在改革開放的過程裏，傳統文化逐漸爲人重視，當代新儒學在這樣的波動下，進到中國大陸，成了一重要的穩健力量，做爲改革發展過程中的調節性力量之一。此時，傳統儒道佛思想的和諧性原理取代了原先的鬥爭性原則。九〇年代，大陸一連串的國學熱、文化熱可以放在這樣的脈絡來處理。或者，我們可以說，當代新儒學的滲入正顯示大陸對於中國文化傳統的重新正視，而此中的唯心氣質則代表著辯證唯物論的另一類型的轉進與發展。

顯然地，正統的馬克思主義思潮已隨著改革開放而逐漸式微。伴隨著西方盛行的新馬克思主義思潮，中國大陸從原先的正統馬克思主義、列寧主義、毛澤東思想，逐漸轉成一種有別於批判理論的「人學」探討。這「人學」的探討關連著民族性、階級性、文化性、歷史性，以及更高一層的人性。原先的自然辯證法的研究轉往自然

哲學、科學哲學的研究，原先的黨義的思考轉到價值哲學的重新理解。原先的實體主義的思考方式瓦解了，而代之以一種實用功能區分的方式來重新面對問題。「不管黑貓白貓，能抓老鼠就是好貓」、「摸著石子過河」，鄧小平式的實用主義看起來很粗糙，但卻是一個好的向度，改革就這樣展開，一切進步就這樣誕生。

　　在八〇年代初期，西方自由主義的思潮以及民主的要求，伴隨著五四以來徹底的反傳統運動的餘蘊，成爲瓦解中共威權的重要思想資源。當時，西方現代化、民主化、自由化的思潮，通過翻譯、傳播以及略帶神聖性的敵對威權體制，以及改革的呼聲，成了人們的希望向度之一。一時之間，五四西化的呼聲再起，對於傳統文化的批判震天價響，朝向藍色海洋的嚮往，對比黃色泥土的厭棄，寫成了「河殤」。果眞是黃土地的河殤，就這樣的推波助瀾、水漲船高，加上中共內部的鬥爭以及路線的搖擺，終而暴成一九八九年的「天安門事件」。

　　這事件是不幸而悲慘的，但在思想史上，它卻是解開專制符咒的一個里程碑。看起來，說是一個邁向民主化、自由化的大頓挫，但我們毋寧把它理解成轉向一種中央調控式的穩定發展；一種既民主、又集中，多元而一體的格局與思考，成了九〇年代以來的主流。這又剛好若合符節的相應了西方在現代化之後，因爲過分的民主與多元而轉向統合主義的思考，這十年來的穩定，使得大陸一時之間克服了原先可能受到的個人主義、自由主義、民主主義的反擊，而使得它在世界核心國家的開發下，經濟大幅成長，社會理性的要求竟也在這樣的狀況下，大幅提昇。

　　官方明知原先正統而教條化的馬克思主義已然銷蝕，而又害怕

西方的個人主義式的自由思潮；在這種狀況之下，唯有選擇逐漸生長起來的傳統文化思想。我們可以看到，不只是當代新儒學思潮獲得正視，民間宗教的研究以及傳統道教的發揚都受到相當的鼓舞。爲的是什麼，只因爲這些思想有助於穩定社會人心，有助於安定政治的韻律。

如上所述，我們發現原先的威權主宰褪色了，但這並不意味新的、大的哲學的綜合時代已然來臨，但我們卻也可以發現這樣的契機。一切在瓦解與重組，並且隱然地有一調節性原理作爲引導下的瓦解與重組。就這樣來說的解構，它顯然是不同於西方後現代的精神氣韻的。當然，相對於改革開放以前，當前大陸學界已頗能突破教條的政治話語，而取得至少半獨立性的自主空間。哲學不再是爲政治服務的，當然也不再是要指導政治的，哲學回到了解釋性的反思，由此解釋性的反思進一步而有其批判與締造。或者，更簡明的說，政治不再是唯一的武器，哲學不是一種「武器的批判」，而是「批判的武器」，而且是經由理解、詮釋而來的批判，這樣的批判將指向重建。

三

相對而言，臺灣近十五年來，兩蔣的過世標誌著威權體制的瓦解，進而李登輝主政，乃至政黨輪替，陳水扁上臺，這一連串本土化的過程，顯示著生活世界的重新發現與理解。原先做爲國家意識型態的三民主義本來就沒有硬性的主宰力，在民主演變、自由生長的過程裏，她早已滲到其他的思想潮流裏，若有若無的繼續生長著。

當然，那些被視爲恆定不變的實體，也漸轉而爲大家公認的共名，並且得接受新的時代的考驗。有趣的是，政治權勢上有了這麼大的翻轉，意識型態的指向幾乎與以前大相逕庭；哲學陣營雖然有了新的調整，但在市民生活的層面並無多大影響。除了原先的中國哲學會外，另外成立了臺灣哲學會，還有原先唐牟弟子所成立的《鵝湖雜誌》學圈，仍然分別代表著天主教、自由派、新儒學三大派系。所不同的是，他們比起上一代更重視學院式的哲學探討，而多半忽略了活生生思想的創造。

更値得重視的是，雖然「本土化」已成爲政治正確（political correctness），當然這所謂的「本土化」是如何定義的，本多疑義；但哲學界並未因爲思潮走向生活世界的重新發現，而有了新的詮釋與建構，只不過伴隨著狹義的本土化衍生的去中國化，使得中國哲學在研究的質與量來說都逐漸走下坡，這是十分可惜的。大體來說，臺灣的哲學界其實是沒有主體性的，在歐美核心國家的支配下，並迎合國家學術權力機制的運作，臺灣哲學界的生命力朝向於制式的學術研究，而較乏創意。

當然，臺灣可貴的是民間社會的生長以及因之而生的草根文化力量，他們往往能跨過學院的限制，成爲一具有草創力的生命種子。或者，我們會發現並不是哲學家或者哲學研究者做出了如何的嶄新導向，因之而使得社會歷史有著如何的進展，生活世界有著如何的生長；相反地，往往是歷史社會總體、生活世界具有一股生發的動力，逐漸長出新的苗芽來，使得哲學有了反省的新素材，可以再詮釋，並因之有新的建構。

分析哲學及自由主義一脈，伴隨著本土民主政權的建立，地位

似乎比以前重要，但並沒有因之成為主流。這一方面是他們所做的仍屬舶來品多，真切面對本土生活世界的哲學建構可以說還沒出現，或者說仍正在胎動中。但無可懷疑的，公民社會的呼聲、自由論述的講求、社區意識的成長、終身學習的重視，已成了臺灣最為正面的生長力量。再者，我們看到天主教傳統經院哲學的式微，代之而生的是本色化（即本土化）、脈絡化神學的要求，伴隨著社會福利制度、公益事業的發展。儒學傳統雖在學院漸趨薄弱，但走入民間的讀經運動、講學運動，伴隨著公民意識的發展、民間書院的成長、社區大學的潮流，廣義的儒、道、佛三教在社會歷史總體裏卻起著正面的調節性、生長性的力量。廣大的佛教力量、道教力量、民間宗教、文化教養的紮實生根，新一波的思想創造正在胎動中。

應該正視的是，早從八〇年代末期，伴隨臺灣政權的自由開放，大陸對西方哲學、馬克思主義思想以及其他學術的翻譯或著作已大量湧入臺灣。這並沒有導致所謂國本的動搖，但也未能因之衍生大的思想創造；但無形中，卻調整了兩岸的學術差異，而逐漸走向融通的可能。這些向度伴隨著臺灣的韋伯（Max Weber）熱、新馬克思主義熱、批判理論熱、文化批判熱、後現代理論熱，儘管傳統文化並沒有顯題化的參與爭議，但卻滲入其中，起著調和生長的力量。雖然，截至目前，還沒有什麼思想的新創獲，但無疑的，臺灣扮演兩岸思潮的觸動者、對談者是不能或缺的，是不能不正視的。

四

　　二〇〇〇年四月間，我在中國訪問整整一個月，從廣州、武漢、北京、上海到廈門，總共做了廿三場講演，大體都環繞在「中國哲學未來發展諸問題」上。印象特別深刻的是在武漢大學哲學系訪問時，與歐陽康教授、郭齊勇教授、鄧曉芒教授做了一次「中、西、馬」對談（中國哲學、西洋哲學與馬克思主義哲學的互動融通之可能），在北京方克立教授主持的中國社科院研究生院講「廿一世紀的中國哲學」。總的來說，我深切的感受到中國哲學界有一種邁向世界的急迫感。當然，這樣的急迫感是不能忽略大陸對岸的臺灣。不管未來的政治形勢如何，臺灣在未來兩岸的統合裏，他多少扮演著重要的觸動者、交談者，也可能是新的締造者之一。不管是後新儒學的締造、後馬克思主義哲學的發展、後現代西方哲學的發展，這樣的「後」與其說帶有顛覆性的批判，無寧說是帶有批判的繼承；總的來講，我們可以肯定的說中國哲學將朝向一可能的統合發展，而這是中、西、馬三方的恰當對話，所達致的進一步發展。

　　——辛巳年（二〇〇一年）七月十七日臺北深坑元亨居——

第二章　武漢會談：中國哲學之未來——中國哲學、西方哲學與馬克思主義哲學的交流與互動

參與者：林安梧教授、歐陽康教授、鄧曉芒教授、郭齊勇教授。
　　　　　武漢大學哲學系研究生及其它院系學生共八十餘人旁聽
　　　　　了對談。
時　間：二〇〇〇年四月十四日上午
地　點：武漢大學人文科學館哲學系會議室

郭齊勇教授：

　　我們有幸請到臺灣清華大學林安梧教授來敝校講學。前天，也是在這裏，林教授作了題為《後現代新儒學擬構：從「兩層存有論」到「存有三態論」》的學術報告。今天下午，由林安梧教授、歐陽康教授、鄧曉芒教授和我（郭齊勇），我們四個人做一對談。對談的主題是「中國哲學之未來」，副題是「中國哲學、西方哲學、馬克

思主義哲學的交流互動」。這場對談是由林安梧教授和歐陽康教授發起的。下面，我們請歐陽康教授先講（掌聲）。

歐陽康教授：

非常感謝各位光臨今天的對談。

從理論上來講，今天所談的問題涉及的面比較廣。鄧曉芒教授長期從事西方哲學，郭齊勇教授長期從事中國哲學，我自己是從事馬克思主義哲學。林安梧教授在臺灣從事中國哲學研究、他也提出了關於馬克思主義哲學的一些看法，尤其是在他的新著《儒學革命論》裏面，他專門談到了建構一種「儒家型的馬克思主義哲學」是否可能的問題。這當然是一個令人非常感興趣的問題。我們想今天下午借這個機會進行交流，實際上也是多學科之間的一種互動。

大家知道，中國大陸的哲學，經過二十世紀的發展，形成了一個以中國哲學、西方哲學和馬克思主義哲學為主幹並與其他的哲學二級學科之間交互作用的一種學術傳承結構。以中、西、馬為主幹，尤其以馬克思主義哲學作為主導的中國哲學，到底應該怎麼樣進一步發展，這是我們從事中國哲學、廣義的中國哲學應該思考的問題。

我想對於中國哲學這個概念，我們通常在三種意義上使用它。

第一種涵意是比較狹義的，是指中國的傳統哲學，主要是指從古代到近代，以至到本世紀以前，當然也可以包括本世紀的一些中國哲學，但主要是中國傳統哲學。這是在狹義上使用的。

在比較廣泛的意義上，中國哲學又是一個空間概念，指的是在中國這樣一塊土地上，當然也包括香港、澳門、臺灣地區，生發出

來的各種形式的哲學。這是相當廣義的。這種廣義的中國哲學包含了其他各個分支學科的哲學，也包含了中、西、馬這樣一些哲學。我覺得這樣一種哲學也是需要我們探討的對象。但是，今天下午，如果我們在這個意義上使用，我們可能會顯得過於寬泛，以至今天下午的對談難以深入下去。

按照我自己的理解，中國哲學的範圍實際上可能是在上述二者之間。它比較多地強調在中國這樣一塊大地上，甚至在超出中國的大地上，以中國的歷史和現狀為基礎，形成的具有中國的民族特色、民族氣象的一種哲學。它可能是各方面、各類型哲學的一種綜合，也可以說是歷史與現在的一種綜合。如果這樣來界定中國哲學，也許能夠幫助我們把下午的議題限定在一定的範圍以內。

如果這樣一種理解是可以接受的，我想今天下午的探討，大概會涉及到以下四個方面的內容：

第一方面，從西方傳入中國的馬克思主義哲學對於中國哲學，就是我剛才講到的第三種意義上的中國哲學的未來形態變化，會發生什麼樣的作用和功能，扮演一種什麼樣的角色，有一種什麼樣的地位？

第二方面，在中國的土地生發出來的帶有本源性、傳統性的中國哲學，它們如何現代化？它的現代化對於未來的中國哲學的發展會產生什麼作用，發揮什麼功能？

第三方面，中國哲學的未來發展，又一定是在與西方哲學、西方文化的一種互動關係中實現的。這樣，西方哲學、西方文化將在剛才界定的第三種意義上的中國哲學形成和發展中，發生一種什麼樣的作用，具有什麼樣的功能？

第四方面，在建構一個總體性的中國哲學這樣一個背景下，中國哲學、西方哲學、馬克思主義哲學如何實現健康互動，應當如何處理彼此間的關係。

到底應當如何理解議題，大家也許會有不同看法。我們每人能否就對議題的理解先談一談，然後進入到比較實質的討論階段。下面我們歡迎安梧兄。

林安梧教授：

很高興來到武漢大學，今天是我在武漢大學第二次跟哲學系的朋友們見面。早上，我跟素質教育的一些老師們見了面，交換了一些意見。不知為什麼，我一直覺得武漢這個地方似乎有一種獨特的氣息，它好像是整個中國當代很重要的一個非常具有生命力的地方。今天，我們在這裏討論中國哲學的未來。

◎佇立於三種向度的中國哲學：中國哲學沈潛呼吸於自身傳　統、馬克思主義哲學以及西洋哲學傳統之間

中國哲學的未來從那裏說呢？剛剛歐陽院長大體提到了，即是如同我們副標題上提到的三個很重要的向度：一個是在這塊土地上原先有的中國哲學傳統；另外一個是近五十年來，或者再往前推一些，差不多近七八十年來非常重要的，在這裏生長的馬克思主義哲學，而且這樣的馬克思主義哲學是帶有中國特色的馬克思主義哲學；除此之外，很重要的，應該更早的，超過一百年以上的在這塊土地上生長的西洋哲學。今天這樣一個座談，基本上是繞著同樣生長在這一塊土地上這三個不一樣的傳統，我們就這三個不一樣的傳

統來展開一些主題的對談。

　　其實，我們可以思考，很有趣的是在人類的這塊土地上，幾個不同的文化版圖或思想版圖，只有中華大地上是把這三個非常重要的傳統，已經在這塊土地上生長超過五十年以上，當然，我們自己的中國文化傳統生長了四五千年了，甚至更多更多了。

　　當然，這個過程，就我們這塊土地上來說，我們有中國哲學傳統，有西洋哲學傳統，有馬克思主義的傳統。而在我們原先的中國哲學傳統裏，其實已經加進去了像印度的佛教的傳統，乃至一部份的伊斯蘭哲學的傳統。所以中國哲學傳統本身就有它的多元和豐富但是又能夠通統爲一個整體的。當然，我這樣講還是有所遺漏的。包括我們許多邊疆少數民族的哲學貢獻，一樣也參與到這塊土地上的整個的哲學創造中來。

◎一個自由的靈魂對於馬克思主義的思索

　　我個人受教育的地方幾乎都是在臺灣。臺灣其實以我的理解，仍然應該是在整個東亞這一大塊土地上，整個華夏族群的這一塊土地上。就這個角度來理解的話，特別是近幾百年來，臺灣基本上是充滿了中國文化傳統意味的一塊土地；雖然這塊土地上的西洋哲學的發展也非常豐富，西洋的意味也非常強，現代化的氣勢也非常強。現代化的氣勢，我想比起大陸來，還算強很多的。但是，中國文化傳統卻無妨礙地在臺灣那塊土地上生長，這是很獨特的，這也是我最近這幾年來一直在思考的問題。其實，整個現代化的過程，中國文化傳統是在起著一種非常重要的、調節性的、和諧的、調整的，甚至帶有一種秩序的作用，使得現代化的過程裏碰到的艱難都能夠

走過去。

也因爲這樣一些想法，所以我一直認爲「中國文化傳統」與「現代化」，或者更廣來講，跟所謂西洋文化、西洋哲學並不是相互排斥的。它其實可以在一個相互融通、相互調適的過程裏面走出一個新的路向來。

而在中國大陸，其實原來馬克思主義傳統在西洋文化傳統裏是一個獨特的表現。它基本上是對整個西洋近現代文化的一個發展。一方面繼承了這個發展；一方面對於這樣的發展起一個非常深刻的批判。而這個批判不只是語言的批判，不只是意識型態的批判。馬克思主義的傳統很獨特，是告訴我們：意識型態的批判，這樣一個「批判的武器永遠替代不了武器的批判」。這也就是後來它走出了這麼強烈的一個實踐的行動，而在東亞地區開啓了這麼大的，可以說對整個東亞地區乃至全世界有這麼大的影響。而這樣一個傳統在西洋文化傳統裏是非常獨特的。特別整個馬克思主義的傳統、正統馬克思主義傳統，其實它的實踐是在東亞成功的，而不是在西方。當然，西方的馬克思主義傳統也不絕如縷，它轉成了所謂的西方馬克思主義，所謂的新馬克思主義這樣的傳統。

無可否認的，馬克思主義傳統是目前人類文明發展裏頭非常重要的一個向度，也是一非常重要的一個參與力量之一。而很少一個地方能夠徹底的，幾十年是一個馬克思主義的意識型態徹底落實的這樣一塊土地，有那麼的多人口參與。一直到目前爲止，仍然是作爲最重要的一個指標之一。而就這一點來講的話，它不只是政治指標，而且它也深入我們這塊土地上人們的心靈，包括他使用的話語系統，包括他的思維方式，包括他的世界觀，包括他的宗教觀，包

括他的人生觀，其實仍然都身受著馬克思主義的影響。所以我認為，討論中國當代哲學的發展，一定不能夠外於馬克思主義的傳統，不能夠離開馬克思主義的傳統，而應該無論如何要放進來討論。這也是我這幾年來感受到、考慮到的問題。

雖然臺灣並沒有一個馬克思主義的傳統，而我們談馬克思主義的東西其實談馬克思主義批判、談馬列主義批判，而不是讀馬列主義。我們的課程叫「馬列主義批判」，另外一個課程就叫「三民主義哲學」。因為臺灣大學在成立博士班的時候（當年），教育部的要求就是你們們必須開這課，要不然就不讓成立。教育部之所以這麼要求，是因為當時很獨特的，當時是在黨國威權底下的末期，所以我們還開這門課。也正因為有開這個課，所以我們有機會在讀馬列主義批判的過程裏，讀到很多馬列主義原典的東西，也因為這樣，接受到了很多馬列主義的傳統。而我覺得這是一個很有趣的，而可能是在座各位朋友不一定能瞭解的地方，我順便提到一下。

而在這個過程裏面，其實剛剛歐陽院長提到的，我在《儒學革命論——後新儒家哲學問題向度》裏面，有一篇文章題目叫「邁向儒家型的馬克思主義」，那是當時修讀這個課所寫的報告。那個報告一直放著，當時並不是很適合發表，放了很久。經過十幾年，有一次我在整理書房的時候，才發現這篇寫了二萬字的稿子。我於是再把它拿出來，稍微修整了一下，就把它拿去發表了。當時對那個問題的想法跟現在還是有點距離的。當時我那個副標題就叫做「革命的實踐、社會的批判與道德的省察」，其實談的是正統的馬克思主義，還有新馬克思主義的哲學。而當時我的一個想法就是必須回到以道德省察為主的儒家的傳統，才能恰當的讓馬克思主義有更進

一步的發展，才能夠讓新馬克思主義的傳統有一個恰當的發展，才能夠讓儒學有一個恰當的發展。那時候，年紀相當輕，所寫的這個向度，後來再檢查它，我覺得有很多粗陋不足；但是這個向度上，我倒覺得這代表一個階段，也代表一個繼續往前發展的方式。

這幾天來，我也拜讀了很多朋友的著作，包括歐陽康院長的自選集裏面的很多重要的論點。像今天這樣一個對談，其實我們希望它是一個起點。

因爲我自己的研究題目，碩士階段我做的是《王夫之（王船山）人性史哲學研究》，而博士階段，我做的是《熊十力哲學的研究》，所謂「存有」、「意識」與「實踐」，作一個徹底的「存有三態論」的建構嘗試，這是從他的體用哲學走出來的一個新的可能。後來我對於當代新儒學，特別是牟宗三先生的系統花了很多心血，有所瞭解。之後，我覺得牟宗三先生的系統可以視爲當代新儒學理論的一個高峰；而這樣一個理論的高峰，它必須有進一步的發展。這進一步的想法寫成文章就是從牟宗三回到熊十力，由熊十力回到王夫之。

我記得，當時我的博士論文發表成書的時候，我在書的卷後語上，其中有一段，我的想法基本是強調整個中國哲學的未來發展上的一個可能。我當時是這麼寫的，我說：「近數十年來，面對當代新儒學之傳承發展，我之提出由牟宗三而熊十力，而由熊十力而王船山，區區之意，盡在於斯。由熊十力而牟宗三，只是順遂其事、合當其理；由牟宗三而熊十力，這是上遂於道、重開生元。若繼而論之，由熊十力而王船山，則強調歷史社會總體的落實與開展，是人性史之重新出發也。若比較於西方哲學而言，牟先生之學可以總攝調適康德之學，進而交融乎德國觀念論之傳統，代表的是當代中

國哲學中的唯心論傳統。唐君毅先生之學亦可置於此，而與牟先生形成雙璧共論之。熊先生之學可以總攝調適自胡塞爾以來之現象學，與祁克果以來之存在主義傳統（大陸有的叫生存主義），進而交融乎詮釋學乃至其他後現代諸大哲的傳統，直至現象學式的生活學的傳統。梁漱溟先生之學亦可同置於此其論之。船山之學側重歷史社會總體與人性的辯證關聯，此當可以總攝調適自馬克思以來之學，繼而交融乎新馬克思主義之學，開啓一新的社會批判，欲其有新的重建點，此是中國儒學重氣的的傳統意向—唯物論傳統。徐復觀先生之學亦可同置於此共論之。我預告：中國當代哲學之再造必以如斯三者之大綜合而有所新的開展也。」

　　寫這個卷後語的時候，是在一九九三年的時候，七年前；大體上我的想法可能有些微的修正，但大體來講，目前還是這麼想的。當時我寫這些是表示站在當代新儒學發展上有些什麼可能。我是談這樣的幾個可能：一個是從牟先生的傳統到康德學到德國哲學傳統，到德國觀念論的傳統，一個是從熊十力的傳統到胡塞爾現象學到解釋學，乃至收容了生存哲學這個傳統。另外一個就是馬克思主義的傳統。我認為王船山哲學這方面的研究是很有益於彼此之間的共融跟互動的。

　　我記得近二十年前作王船山研究的時候，我覺得當時整個中國大陸的王船山哲學的研究已經是到達一個相當的深度。那麼最近這十幾、二十年來，我覺得很獨特的是，王船山哲學研究在大陸似乎有一種停滯的感覺，當然，臺灣的王船山哲學的研究是很有限制的。但是，從大陸來講，以整個湖南、湖北這一塊地區，各方面似乎有一點停滯，這有一點可惜。當然，還有別的地方，就是在北京、在

廣州，還有在別的地方都有王船山哲學研究，似乎相較於其他的研究，也有一點停滯。這一點來講，我認為有點可惜。

那麼大體這樣說下來，大致我的想法就是：當我們談中國哲學的時候，我其實會同意剛剛歐陽院長所提的，中國哲學應該不會只是說這個中國哲學學門。作為學術史這樣的一個學門，參帶的一個客觀性的研究。它其實也是我們參與到中國當代的傳統而往前發展的一種彼此相互參與的新的可能。因為關係到這種新的可能，所以我們想說，締造一個機會，我們一起來討論討論，讓它作為一個起點。我想今天這樣的一個會，就在這樣一個方式之下，在歐陽院長，在郭齊勇教授的一起督促之下，邀請了鄧曉芒教授展開這樣一個對談。

我的前面的引言就先說到這裏，謝謝大家！

鄧曉芒教授：

很高興聽了林先生很好的發言。前天林先生在這裏做了一個講演，我也聽了。當時有一些感想，稍微交換了一下意見，因為時間非常匆忙，所以沒有來得及展開。能夠在今天有這樣一個機會把相互的思想交流交流，對兩岸的學術，我想都會有相當大的好處。

剛才林先生也回顧了他的路數，也許有很多人會感到驚訝：在臺灣，對馬克思主義抱有這樣一種研究的意向、考察的意向，帶有肯定性的，從批判裏面讀出正面的涵義出來，這是非常難得的。我們大陸的學者，在近些年來，有時候私下裏交換意見，有時候在會上就談出來了，對臺灣的學術研究感到有點遺憾，比如至少馬克思主義哲學這一塊，就是空白。對中國哲學來說，好像它的根留在大

陸，對西方哲學來說，好像臺灣人到外國去的倒不少，但是眞正坐在自己家裏的冷板凳上來啃的人不多，好像啃出來的東西也不怎麼樣。我呢，孤陋寡聞，看過一點東西，但是確實有一點這個感覺，覺得是一般介紹性多一些，介紹的時候發揮得過分的地方也多一些。大陸呢，當然也是一般介紹性的比較多，發揮過分的也比較多。但是，大陸的環境比起臺灣這個島嶼的位置，好像相對來說，安穩一些，沒有那些外在的東西的干擾。我認爲大陸五十年以來對於德國古典哲學的研究，以及近二十年來，對於現代西方哲學的研究，我覺得還是相當不錯的。當然由於國內的條件有限，對外界的交往也不是很多。但是，也還是有一些不錯的研究。我們有的博士生開玩笑說：我們的博士論文都廉價賣給臺灣書商了。臺灣很多出版社到大陸來廉價收購博士論文和書稿，這也反映出臺灣學術界對大陸近二十年以來的哲學研究還是相當肯定的。

◎撥開黑夜與白晝：我與中國哲學、西方哲學、馬克思主義哲學欣然相遇

至於我個人呢，對於中國哲學、西方哲學、馬克思主義哲學，也有我的一段經歷。我最開始接觸哲學這個領域，那是在作爲下放知青在農村勞動的時候，現在可以說是三十多年了，從六八年開始就對哲學感興趣，看了一些書。當時能看到的書很少，但盡量的見書就看。首先，當然是馬克思主義的書。我們大陸的情況就比較特殊，馬克思主義的書倒是到處都有。經典著作，當時也讀了一些。但是我讀這些書的時候，我是把它當作哲學來讀的，就是：馬克思主義哲學是一門學問。當時我是這樣來看待的。所以讀馬克思主義

哲學經典著作，我就有一個非常深的感受。什麼感受呢？也就是馬克思主義哲學它是西方哲學，就是馬克思、恩格斯是西方的思維方式；列寧呢，西方哲學味道比較淡一點，當然基本上還是西方的思維方式，也帶上了一點東方式的。

馬克思、恩格斯的書，我當時特別喜歡讀恩格斯的，因為恩格斯的文筆非常流暢，我相信我的文筆在某種程度上還受到恩格斯的影響。恩格斯有些非正式的著作，像《自然辯證法》那樣的一些書非常好；再就是一些像馬克思的一些歷史性的著作，像《路易·波拿巴的霧月十八》、《法蘭西內戰》，這些都非常之好。

所以現在回過頭來講，中國大陸在近五十年以來，在馬克思主義研究方面，一般人對義理的解讀比較重視。但是我更看重的是在教會中國人懂得哲學這一方面，在語言方面，在哲學翻譯語體方面，它給五十年來大陸的中國哲學定了型。我們現在用的哲學語言是由馬克思、恩格斯決定的。當然不是由馬、恩本人決定的，而是由馬、恩的翻譯決定的。所以，我覺得五十年來馬克思、恩格斯的經典著作的翻譯功不可沒。我們從這裏面體會到怎麼樣用一種語言來進行哲學思考；何種語言適合於哲學思考，也就是應該用怎麼樣一種語言來進行思考，這個是非常重要的。

大陸有個作家王小波曾經談到過，我們這一代年輕人（當時的年輕人），我們的文學素養是通過翻譯作品、西方古典文學的翻譯作品得到薰陶的，而不是通過讀《詩經》或者是讀《紅樓夢》，當然也有，但是主要是現代漢語、現代白話文。我們可以比較一下三十年代的白話文跟五十年代以後的白話文，實際上形成我們今天的哲學語言，是五十年代以後的白話文，就是通過讀馬克思、列寧經典著

作。馬列經典著作應該算是在中國翻譯史上可以跟佛經的翻譯比較的。當時，玄奘他們搞了一大幫人互相讎校、互相探討，從義理到表達。馬列翻譯也有這個程度；當然也有一些誤解和錯誤的地方，現在也有很多人在揪這個問題。但總的來說，是相當不錯的。遺憾的是其他的翻譯比較少，像黑格爾多一點，康德也有一些，其他的人就比較少。這是題外話了。

　　我當時學馬克思主義是把他當哲學來學的。那麼，這就有一個問題，就是哲學是沒有國界的，哲學也不分民族。所以在我剛開始學哲學的時候沒有這個概念：中、西、馬是三個不同學科。只要是哲學，對哲學有興趣，那就叫哲學研究了。所以當時我對哲學方面的書呢，中國的我讀的不多，但是，能找到的我讀了楊榮國的《中國古代思想史》，那是作爲大批判的，「批林批孔」的一個材料，正式公開出版，我基本上把那個讀了，從那種批判的的語言裏面看出了林先生在馬列批判裏面看出的類似的東西。然後，當時也是爲了應付「批林批孔」的需要，由湖南師大編印了一套《中國哲學史資料選編》，還有零零星星的，像任繼愈的《漢唐佛教思想論集》，還有一些其他的，反正不多，就那麼兩、三本。那麼，西哲方面讀了黑格爾的《小邏輯》、《歷史哲學》，康德的《實踐理性批判》，《純粹理性批判》在當時找不著。我當時把這些東西都是貫通起來讀的。當然貫通能力有限，所以貫通得不好，這是肯定的。比如說用唯物主義和唯心主義這兩條紅線來貫穿整中國哲學史，這也是當時的風氣。兩條線一直下來，誰是唯物主義，誰是唯心主義，我自己把它列了一個表，分兩樣，這邊是唯物的，那邊是唯心的，這邊辯證法的，那邊是形而上學的。這樣搞了一通，不管怎樣，當時作

爲入門，也還起到了一定的作用。後來才反省到，這種做法是非常可笑的。但是，這個思想，我到如今還是一直沒有變，就是哲學是不分科的，也不分國界的。

所以，我後來考研究生，第一次沒考上，因爲家庭問題，「右派」問題沒解決，已經到北京中國社科院參加了複試了，都上線了，但是最後給刷下來了。後來考武漢大學。在中國社科院考的是馬克思主義哲學，因爲我覺得我對馬克思主義還是有一點理解和把握的。後來考武漢大學是考的西方哲學。我當時的概念就是馬哲、西哲不分科，中哲好像稍微有點不同。而馬哲呢，是西方哲學，它裏面滲透著西方文化；從裏面我們可以讀出西方人怎樣進行哲學思考，可以讀出整個西方文化的底蘊。我是這樣來看馬克思主義，跟今天很多年輕人對馬克思主義的感覺不太一樣。你想想，當年在農村的時候沒有書讀，只有馬克思主義的經典著作，那是多麼新鮮。像《反杜林論》，今天你們一拿起來就頭痛，好像要考要背什麼的。我們當時在沒有那個壓力的情況下，讀起來津津有味。因爲它是一種思維方式，不管它的結論究竟對還是不對，或者說是過時了還是沒有過時，它調動了思維，在思維已經被冷凍的情況下，能夠讓它活動起來，那是非常容易有趣的。所以我對馬克思主義，從感情上來說還是很深的。

但是，當然現在就不能感情用事了，現在把它拉到一個學理的層次上談，當作一種科學，當作西方文化的結晶。所以，上海劉放桐教授曾經有一個說法，就是我們特別要注意馬克思主義是西方哲學。當然也有的人認爲馬克思主義也是中國哲學，因爲後來有很多中國的馬克思主義者。但是說馬克思主義哲學本身，它的來源？那

就是西方哲學。若說是中國哲學，恐怕有一些問題就不太好解決了。
比如說如果一個西方人研究孔夫子，是不是要在美國尋找孔夫子的
源頭。這並不妨礙我認為馬克思主義確實是一門很了不起的科學，
不管它在中國有沒有源頭。沒有源頭又怎麼樣？沒有源頭還是照樣
還可以學嘛！

　　至於中國哲學，我發現一個問題是拿馬克思主義的一套範疇和
概念去套中國哲學，後來出的很多中國哲學史的著作、教材也是這
樣的，就是兩個對子：唯物主義和唯心主義、形而上學和辯證法，
用兩個對子來貫穿中國哲學史。最近一些年來，有些人已經提出來，
這種貫穿法不符合事實；中國哲學有它自身的範疇體系，有它自身
的一套表達。

　　對於這些範疇的表達是否能算哲學？我的一個想法就是說，當
然把哲學的概念擴大一點，也可以算作一些中國的哲學家，中國的
哲人，中國哲學史，都可以這麼說的。不但中國有哲學，也可以說
少數民族也有哲學；新疆維吾爾族有哲學，西藏也有哲學，都可以
這樣說的。每個民族都有哲學，是人都應該有哲學思想，應該這樣
承認。

　　但是，如果從嚴格的意義上來講，哲學作為追求智慧之學，這
一方面我覺得中國哲學家與西方的，比如說希臘哲學家有很大不
同。我曾經在一篇文章裏講，中國哲學有智慧，但是缺乏愛智慧，
更缺乏愛智慧之學。中國哲學智慧很多，比如像傳統文化的一些作
品，都是智慧的箴言；道德、形上學等等，都是一些智慧的箴言。
但是缺乏在這樣一種智慧道路上拼命追求和開拓，有所新發現，而
且這樣一種新發現通往某一個目標或某一個彼岸世界，形成這樣一

條道路的這樣一些思想家。中國哲學給我的感覺就是好像很可以用李澤厚的「積澱說」來加以解釋，就是積澱很厚，像酒一樣，釀得越久就有醇香。但是它就是那股味，從先秦一直到王夫之，就是對前人的一些發揮。

其實西方也有積澱，但是總的來說，西方有這樣一種特點，就是比較不是朝過去積澱的、而是向前進化、有所開拓的。當然，開拓也是是重視前人才有所開拓，但是有些開拓是根本性的，是推翻前人的。拉斐爾有一幅壁畫叫《雅典學園》，就是柏拉圖和亞里斯多德在那裏爭論，一個指天上，一個指地下，這是大家都很熟悉的。爲什麼要一個指著天，一個指著地呢？就是互相能夠爭辯，在同一個學派裏面老師和弟子之間這樣一種爭辯，這樣一種爭論；然後，造成了學術的發展和繁榮。

這種形式在中國哲學中缺乏一些。當然中國哲學有它的一些特性，所以在講到哲學的時候，馬克思主義哲學跟西方哲學這兩者的哲學的意義是一致的，當然馬克思對西方哲學的解釋有新的突破，但基本上還是一致的；而講到西方哲學和中國哲學，差異就比較大一些。但是不管怎麼樣，對人類的思維，我一直覺得：今天很多搞哲學的，把西哲啊，馬哲啊，或者其他的比如倫理學啊，邏輯學啊，說成他是搞邏輯的，他是科技哲學的……分得那麼嚴格，我覺得這是違反哲學精神的。不管你是搞什麼的，你首先是研究哲學的，是愛智慧的，每一個學者，都應該對哲學的這種普遍性有比較深切的瞭解。

所以，我今天對這個課題，我覺得好像還是太嚴了一點，無以著手。只好談談我個人的一些體會吧。就說到這裏。

郭齊勇教授：

　　剛才歐陽教授提出了中國哲學的界說，曉芒教授又提出了哲學是沒有國界的、不分民族的，安梧教授特別指出了至少是兩岸的互動，他覺得要談中國哲學，絕對不能把馬克思主義哲學丟到一邊。我想我們可把問題分析爲三個層面：哲學是一個層面，中國哲學是一個層面，在中國的哲學又是一個層面。

◎馬克思主義滲透中國的思想傳統裏

　　西洋哲學在中國，康德、黑格爾哲學的研究，薩特哲學的研究，海德格爾，伽達默爾的研究，那叫做西洋哲學在中國，那不叫中國哲學。馬克思主義哲學在傳播過程中，很長的一段時間，在文化新傳統中，在它的話語系統中，是馬克思主義哲學在中國，恐怕在一定的意義上，它還不叫中國哲學（至少不是經典意義上的中國哲學）。

　　當然實存的合理性，我們要承認，它是一種實際的狀態。近百年來馬克思主義哲學在中國成爲一個新的傳統，這是一個事實，它和我們民族源遠流長的中國哲學有結合點，但兩者區別很大。

　　不同的文化傳統，蘊涵有不同的智慧，不同的智慧，它會開展出不同的人生觀、價值觀、世界觀。因此世界上就有不同的哲學。西化派不承認中國有哲學，因爲他們以西方哲學作爲哲學的普遍標準，不承認哲學的多樣性。中國哲學和在中國的哲學是不一樣的，也和一般所謂愛智的哲學是不一樣的，但它確實是哲學。中國有自己的哲學傳統。中國哲學也善於融攝、消化外來的哲學。禪宗是中國哲學，它是印度禪傳入中國後，逐漸中國化了的產物。唐代玄奘

開譯場，翻譯了那麼多的法相、唯識之學，基本忠實於印度法相學，它只延續了五十年。以後，到近代的時候，法相唯識學的著作，要從日本返輸中土，因為它沒有在中國生根。

方東美先生說，原始儒學、原始道家、中國佛學、宋明理學是中國哲學的四大思想資源和四大思想傳統，是一種極高的智慧。中國文化是一樹繁花。中國文化有它一以貫之之道，有它的中心，有它的體悟方式。正像前天林安梧教授所講的，它的道，它的體道的方式，是與華夏民族生存方式緊密相聯的。它的價值判斷，它對宇宙的觀照，它的心理，它的倫理關係，乃至於它在外王學上的即社會、政治、文化、教育方面的傳統，都有它獨到的、充滿深層智慧的東西。這個東西，由於我們的學養不夠，或者學術路向不對應，也許不能窮盡它的「致廣大而盡精微，極高明而道中庸」的內涵。

所以，馬克思主義哲學，儘管在中國新傳統中有近百年的發展，而且已經滲透很深；但是，它要融為一種真正的中國哲學為時尚早。柏拉圖、亞里斯多德、康德、黑格爾哲學傳統，翻譯家們翻譯過來以後，已有很長一段時間，但是，它只能是西洋哲學在中國，其精華融入中國哲學，還要相當長的時間，佛學傳入中國，形成中國化的佛教宗派，後來儒、釋、道三教合流，形成宋明理學，經過了八百年的消化。所以，真正中、西、馬的融合，形成新的華夏族的、面向未來的、有開拓性的又有根源感的這樣一種哲學，恐怕還是一個過程之中，我看至少還要有五百年的歷史！這是我的一個淺見。謝謝大家！

歐陽康教授：

◎馬克思主義哲學中國化之影響

　　從剛才一段發言中，可以看出各位對中國哲學不同的理解，我覺得大家的理解之間有不小的差距。這正好是對話的起點。曉芒兄提出了哲學無國界，齊勇兄提出了哲學的民族性的問題，我想從這個角度來談一談對馬克思主義哲學當代發展的一點看法。我覺得實際上多年來中國哲學界，或者說在中國搞哲學的人，也就是廣義上的中國哲學界中存在的一個問題，可能就是對這些問題，在哲學觀這個層面沒有把它釐清。

　　今天來說，建設一個有中國特色的馬克思主義哲學，可能其實質恰恰是要在哲學的世界性、民族性和個體性中找到一種張力，來找到自己的位置。所有的哲學，我認為，在其生成的時候，在發生學的意義上，都是一種民族的哲學。一種民族的哲學，能否轉化為一種具有世界意義的哲學，這須要經過一系列篩選和淘汰機制。各個民族都有自己的哲學，但是有多少民族的哲學變成了世界的哲學？如果我們從整個哲學史，把整個從古到今各個民族的各種哲學發展做一個總體的掃描，可以看出，實際上並不多。也就是說當某種具有特定民族語言、民族內容、民族風格的哲學形成以後，能否在其他的民族找到自己的基地，找到自己的認同者，這實際上反映了一種哲學是否具有足夠的世界意識。

　　正是在這樣意義，我覺得馬克思哲學生發在當年的德國，生發在當時的那種社會歷史條件下，但是通過一系列傳播與轉換的機

制，展示出它所具有的世界意義，也就是講沒有國界了，或者說大大地超出了德國的國界。

馬克思主義哲學向其他民族傳播和滲透的過程，既是它作為一種民族哲學世界化的過程。同時也是其他的民族在接受馬克思主義哲學的過程。在這個世界化過程中，還要依賴於許多哲學家的努力。比如我們早期的第一代哲學家、第二代哲學家、第三代哲學，就都展示出各自的哲學個性。我始終覺得，在看待哲學的民族性與世界性和每一個哲學家的個性的時候，既要有一種民族意識，又要有一種個體意識，同時還要有一種世界意識。

在這樣一個背景下，我們可以來看看馬克思主義哲學的中國化問題。到現在，馬克思主義哲學傳入中國也有八十年了，它的成就確實很大。馬克思主義傳入中國的過程，恰恰是適應了中華民族在探尋自身未來發展、尋找自己對於世界的哲學理念和提升自我意識的需要。中國人在中國傳統哲學中找不到所需要的東西，但在馬克思主義中能找到它就有可能接受它。如果中國傳統哲學已經提供過這樣的東西，中國人就不一定需要馬克思主義哲學，人們就自然地接受傳統哲學，將其延續下去就可以了。但是很明顯，正是在自身的傳統中沒有找到足夠的思想資源，我們的先進思想家們才把自己的視野由國內移向海外。當時的各種主義都進入到中國的大陸，從二、三十年代的大爭論，到最後馬克思主義在中國找到了自己的一種特殊的社會力量，成為一個黨的指導思想，成為一個國家的指導思想。這個過程實際上就是「馬克思主義中國化」的過程。這個過程，我想在座的各位都非常熟悉，而且它取得了非常大的成就。

馬克思主義哲學中國化對中華民族的社會發展的影響是多方面

的：

第一，它提供了一種政治的意識型態，這是不言而喻的。馬克思主義成爲中國共產黨的一種指導思想，這個大家都是非常熟悉的。

第二，它提供了一種哲學的理論構架，也包括經濟學和社會主義理論的理論構架。這個理論構架既有意識型態的特色，又有自己的學理的內容。因此，它兼有兩者的特色。

第三，它提供了一種比較科學的、有效的方法，這種方法帶有一種普遍的意義。

第四，它還提供了一種評價體系，提供了一種價值觀念，等等。

但是，在馬克思主義中國化的過程中間，也出現了相當多的問題。第一個問題，當馬克思主義哲學作爲一種反傳統的力量傳入中國的時候，它與中國的傳統文化形成了一種對立和對峙。不知道我的這個判斷是不是正確？大家知道，馬克思主義傳入中國以後，相應產生的一個口號就是「打倒孔家店」。在西方，這也許是馬克思主義的本來含義，馬克思主義的產生就意味反傳統，就是對於歷史和現實的一種批判。現在它要進入一種新的土壤，必然要對土壤的現有基礎，包括它的意識型態和思維方式進行批判，要不然它在這個地方不可能生根。正是因爲馬克思主義的傳入與「打倒孔家店」結合起來，它才能夠找到自己的安身立命的基礎。但是由此它也帶來了一個很大的問題，也就是在中國實際上造成了歷史與現代的一個斷裂，並且這種斷裂是自覺的、並且在一種程度上是比較極端的方式表現出來的。

第二個問題，馬克思主義傳入中國後又脫離了西方的文化背景。剛才曉芒講到，馬克思主義本來就是西方的。但是，恰恰是在

傳入中國的過程中間，它自覺不自覺地脫離了它所賴以生成的西方文化和西方哲學。因為馬克思主義當時也是以對西方哲學與文化進行批判的面貌來出現的。應當保持自己的相對獨立性，這也是它的題中應有之義。但是這也相應地造成了一種後果，就是使得中華民族在接受馬克思主義的同時，自覺或者不自覺對西方的哲學與文化採取了一種排斥的態度。這裏面確實有些是應該排斥的，因為馬克思主義本來就排斥它們。馬克思主義在中國成為一種主導的意識型態以後，它帶來的社會和理論、學理方面的問題相應說來就更比較多了。

第三個方面，就個性的問題來講，中國的馬克思主義者對於馬克思主義哲學的理解又經歷了前蘇聯的哲學教科書體系的仲介。大家知道，當時我們直接學來的就是俄文版的馬克思、恩格斯的書，或主要是這一方面的。我們當時直接看到馬克思主義原著的德文版和英文版還是非常有限的，主要是從俄國來的。俄國人從他們的實踐中對於馬克思主義的理解深深地影響了當時中國的馬克思主義者，而且這樣一種影響，直到今天還在發生作用。

正是在這樣一個意義上，我覺得今天專門提出建立或者建設有中國特色的馬克思主義，實際上恰恰是要回復馬克思主義哲學應當有的一種特性。在這樣的意義上，我覺得我們今天提出的任務，實際上要對我們整個的哲學觀念進行一種比較深刻的調整，才有可能談得上建設一個中國特色的馬克思主義哲學。

在這種意義上，我以為齊勇兄講建立一個中國的馬克思主義哲學和中、西、馬相結合的中國哲學起碼還要五百年，這似乎太悲觀了一點。為什麼呢？我覺得我們這一代人如果離開了馬克思，如果

現在規定在坐各位不准用馬克思的話語體系，我不知道我們還會不會說話，因為我們已經薰陶了這麼二十年、三十年、五十年、七十年。馬克思主義已經進入到我們的生活世界，已經變成了我們的話語系統，已經變成了我們的生命的內在組成部份。當然在不同人那裏也有不同範圍和不同程度。

　　所以，在這種意義上，馬克思主義在當代中國，尤其是經過二十多年來的發展，它確實是一方面在回復到自己的應有面目，同時又立足於時代和現實的實踐而不斷地得以創新和建構。這二十多年，中國哲學的發展，我覺得一個根本的進步，就是哲學與文化的觀念得到變革與更新。

　　林安梧教授講到他在臺灣學習馬克思主義是在批判中學習的，實際上我們當時也是在批判西方哲學著作和批評孔子學說的著作中了解西方哲學和中國哲學的。我們的很多思想也是在這些批判中間生成的。

　　我們再看看美國。美國這樣的國家，實際上也有相當長的時間對於馬克思主義的排斥，叫作麥卡錫時期。在美國，大家知道，五、六十年代有一個非常反共的排斥馬克思主義的時期。我在美國的時候遇到一位學者，他就是因為相信馬克思主義、教學馬克思主義、宣揚馬克思主義，而幾次被美國的某大學聘請，又被不公平地拒聘。直到現在為止，他的夫人仍然耿耿於懷，堅持作為加拿大的公民，而不作美國公民。現在這位教授還是每天從加拿大開車到美國來上班，下了班就回去。這個人現在是全美哲學會的馬克思主義哲學研究會的會長。他建立了一個相當龐大的世界性的馬克思主義的網路，每天我都可以收到很多電子郵件，知道他們在討論馬克思主義

哲學發展中的一些問題。

那麼，中國特色的馬克思主義哲學到底應當如何來建構？我覺得這確實是一個比較大的問題。如果說離開了與其他哲學，與傳統哲學的一種健康的互動，馬克思主義哲學的實質性發展就基本上是不可能的。當然，作爲一個搞馬克思主義哲學的人，我覺得最關鍵之點是發掘出馬克思的實踐思想和人的思想。這些恰恰也是馬克思當年實現革命的一些重要關節點，但是後來被我們多多少少忽視了或是曲解了。

我覺得如果說馬克思有一種自己的哲學思維方式，它就是一種實踐論的思維方式，以這樣一種實踐論的思維方式來解釋哲學、社會、人，尤其是自然、社會、人彼此之間的關係；對於人與世界的關係作這樣一種整體性的透視，尋找處理這種關係中應有的理論智慧和實踐智慧，這正是馬克思主義哲學對於人類的一種獨特性的貢獻。

中國的馬克思主義哲學研究，在今天實際上面臨的任務是通過創建一種具有中華民族的民族形式和民族內容的哲學，並使它具有眞正世界性的意義。謝謝。

林安梧教授：

◎關於話語系統

這個座談談到現在爲止差不多一輪多一點，時間也過了一個鐘點。大概也可以看得出來，這個對話今天應該算是一個起點，它應該叫做對談前的對談。這樣的話，我就覺得很有趣，剛剛郭齊勇教

授所提出來的，西洋哲學在中國，馬克思主義在中國，這是在中國的哲學，跟中國哲學，跟中國自己的哲學不一樣。西洋哲學在中國，要成爲中國的哲學，他認爲還要有好幾百年；一樣的，馬克思主義哲學在中國，成爲中國的馬克思主義哲學，他認爲要好幾百年。那歐陽院長認爲說這樣的論點稍微悲觀了一點。但是我想問一個很有趣的問題，也就是剛剛歐陽院長提到的，現在如果我們不用馬克思主義哲學的話語系統，那麼我們就不知道該怎麼思考，怎麼說話。我想他講這個話是一個經驗事實的一個陳述。但是現在我們就要問這個問題了：具有幾千年文化傳統、而且自認爲也有哲學的——認爲它有哲學，我想這一點鄧曉芒教授不一定同意。他認爲也可以叫「哲學」，但是如果用嚴格意義的話，那就很難講，他的意思應該是這樣。他也點頭了（鄧曉芒教授插入一句：點頭不一定是贊成，點頭是聽到了，點頭表示知道）。所以這個問題在這裏就很有趣了，我們有幾千年文化的傳統，從先秦諸子、兩漢、魏晉、南北朝、隋唐、宋元明清，到當代的中國，我們這裏有從諸子百家到後來的儒、佛、道三教的傳統，還有其他很多很多知識的論辯；而我們現在說如果我們把馬克思主義哲學的話語系統退出來的話，我們就不知道該怎麼講話。

其實在臺灣，如果你把兩方的話語系統退出的話，大概還可以講話。但所講的話也跟中國文化傳統還是有一段距離。所以我想剛剛郭教授那個提法，是超過我原來的想法，但是我覺得是很有意思的。也就是說對我們現在在談一個中國哲學未來的發展的時候，「中國哲學」這四個字怎麼讀、怎麼想。如果我們在談「中國哲學」，如果我們認爲中國哲學沒有嚴格意義的哲學，它只不過是一套思

考、一套想法、一套意見罷了，它根本不構成自己的話語系統，那麼今天這個對話就會很困難。所以你們有沒有發現到，到這個時候已經有點各說各話的傾向。但是各說各話的傾向是一個很好的起點。我認為這是一個對話前的對話。

所以，我們現在問幾個問題：為什麼具有非常豐富的話語系統、概念範疇這樣的中國傳統哲學，它的話語系統在中國當代並沒有辦法恰當的釋放出來，參與到整個我們應該有的學術話語系統裏好好往前發展。這一點，其實就是徹底的反傳統主義的反傳統使得我們原先的傳統的話語系統跟整個當代的話語系統徹底地割裂開來了。如果你去看看嚴復的《群己權界論》的翻譯，還有其他的翻譯，基本上你可以發現到他其實努力在做一個事，就是：把中國傳統話語系統跟西方話語系統作一個恰當的溝通、接合，並且用一種類似於以前利瑪竇年代「格義」的方式，我認為還比利瑪竇成熟的「格義」方式，去接受西方的哲學，並且朝向一些新的締造的可能。但是這個傳統因為古文被廢了以後，就完全分解開來。而我們所謂的「白話語文」的系統，剛剛鄧曉芒教授也提到了，整個中國當代的白話語文的系統，與其說從《紅樓夢》來，毋寧說是整個翻譯的著作來。也就是說，目前我們所使用的白話語文系統跟自己的傳統語文的系統中間有一個斷裂，而這個斷裂我們如何重新來思考。如何來重新留意這個問題。這一點其實現在只能夠將就的就既有狀況往前走，因為歷史是不能回頭的。

但是，就這幾個狀況我們要去瞭解到在西方現代化過程，整個西方思潮傳入中國，產生了強大的徹底的反傳統主義；而中國人內在心靈面對西方文化其實一方面有吸取，而在另一方面又不願意接

受的一個態度，就覺得我們中國怎麼何只於此呢！而在這個過程中，一方面是西方主義式的反中國傳統，但是這樣的方式又回到中國人內在心靈深處，打擊到中國人內部裏頭根柢性的東西。這時候再傳入了馬克思主義的傳統，馬克思主義傳統雖生自於西方，卻是反西方主義的，是反西方近代傳統的。如此一來，這就形成了中國人內在很重要、非常弔詭的、非常複雜的可以接受馬克思主義的情結之一，當然還有其他因素。它是西方的，又是反西方的。正因為它是反西方的，所以它具有西方現代理性的傳統，這是很獨特的。整個中國的馬克思主義跟西方的馬克思主義，在整個中國基本上在一個階段裏被強烈的對立開來。這一方面跟整個政治的威權、話語系統的霸權有密切關係。而蘇聯到底是西方人還是東方人，一向在整個人類文明史上的研究裏頭是一個非常麻煩的問題。比如說基督宗教到了蘇聯那裏成了東正教，就很獨特，跟原來舊教的傳統，跟後來新教的傳統，都不太一樣。所以蘇聯到底是西方人還是東方人，這個本身就很獨特，它的地點也很獨特。這些我們現在暫且不說，就回到剛剛歐陽康教授提到的馬列主義的中國化過程，那我就想到在臺灣有別於馬列主義的中國化，我們可以提三民主義。三民主義在整個中國的發展其實原來是在先的，但是它是三個原則，能不能夠成為一個哲學的完善的理論建構，這當然是一個可以置疑、可以討論的。它有沒有一套很強烈地帶有普世意義的科學方法呢？完善的建構，這在評價體系方面，比較在大陸的馬列主義的整個建構來講的話，不管在理論上、在實踐上，它都沒有那麼完整跟嚴密。但是作為政治的意識型態，它其實是從某個向度來講是失敗的，從另外一個向度來講卻是成功的。而這個過程也就是說，原先它的話語

系統裏面並沒有排拒中國文化的傳統。

很重要的，它並不利用中國文化的傳統來對抗所謂的馬克思主義的傳統。但是三民主義的發展裏面，其中有一個階段，是跟馬克思主義密切連在一塊的，你看當時的胡漢民的著作基本上是受到馬克思主義很多很多的影響，強調要從事於中國哲學的唯物論的研究。整個三民主義本身跟馬列主義的關係，中國國民黨跟共產黨的關係，在這個歷史的發展上也是獨特的。所以這個部分我想是可以去看待它，也可以再去思考它。而整個國民黨在臺灣的威權體制瓦解的過程，它經歷了一個很恰當而漸進的瓦解過程。到目前爲止，意識型態的教育在大學院校裏面幾乎不見了。也因爲它慢慢不見了，所以我就跟年輕的朋友說，有朝一日，可能我會提出新的課，不是從前的叫「國父思想」，也不是叫「三民主義哲學」，而是整個對三民主義的原典的詮釋和評價。我以前不開這個課，而我現在願意擔負這個課，也就是說當它走出了通過政治威權所形成的話語霸權以後，使得原先它的價值重新顯現。

不過，我認爲整個哲學的發展裏面，落到政治威權的話語霸權的這個系統的強制性裏面，它會有它的限制，但是同時它也強而有力地烙印到我們的心靈深處裏，而形成非常重要的心靈意識的積澱，作爲新開展的一個起點。

我同意目前如果在中國大陸把原來馬克思主義哲學的話語系統抽離掉的話，我們真的不知從何說起。而我也覺得，經由馬克思主義哲學的話語系統在目前中國大陸的哲學交談裏，其實它也已經形成一些新的話語系統的可能。也就是說馬克思主義哲學的話語系統並不完全是經由政治的威權所形成的強大話語霸權，而是它本身有

它的學問性，所以它能夠成就它的理論的整個邏輯，它整套的話語系統有它自己存在的可能，在人類的理性的討論裏面，它仍然能夠存在著。

這一點，其實從我們目前的學者之間的互動和交談裏面已經可以看到的。也可以看到近二十年來，中國大陸的西洋哲學的發展裏，有一些良性的發展。這個良性的發展是，有一部分剛才鄧曉芒教授所說的在臺灣的西洋哲學比起大陸的西洋哲學所不同的，臺灣的西洋哲學只是西洋的哲學，只是放在世界系統下的西洋哲學的一個傳述而已。而在大陸的西洋哲學，我想某一些西洋哲學的研究者就不只這樣的想法，它其實希望西洋哲學能夠在中國發展。在中國的發展能夠跟馬可思主義哲學的話語系統有恰當的互動、有恰當的發展。當然，因為馬克思主義哲學在目前中國大陸仍然是強勢的話語系統。其實我也蠻希望西洋哲學的研究者能夠理解到，讓西洋哲學的話語系統跟中國哲學的話語系統有恰當的交流跟互動。但是最大的問題就在哪裏？西洋哲學研究者會認為，中國哲學能夠成就一套話語系統嗎？這裏含著一個很有趣的問題。中國哲學算哲學嗎？但是我願意這麼說，中國哲學當然是哲學，中國哲學有它的話語系統，而這個話語系統跟整個西方哲學其實是可以互動溝通而有一個新的發展。

就這一點來講，我覺得前輩先生們曾經作過一些嘗試。譬如在賀麟先生的哲學裏，常用朱子學的觀念跟黑格爾的作融通。而在牟宗三先生的哲學裏，更清楚地將儒家、道家、佛教的整個話語系統融進去了康德哲學為主導的西方哲學的話語系統裏面，進而融鑄成一個新的話語系統。牟先生締造了一個獨特的話語系統。同時，他

學術上的夥伴，唐君毅先生也締造了他的話語系統。以德國觀念論為主導的話語系統融通了儒、道、佛以及中國先秦諸子乃至後來的宋明理學，特別宋明理學為主的這樣的話語系統。它是一個很獨特的新的中西哲學融匯而成的一個新的話語系統。這個話語系統在臺灣，在香港，其實是沿襲原來的大陸熊十力先生、梁漱溟先生，以及賀麟先生、馮友蘭先生原先所開展的一些話語系統。我們可以說就是他們早年所開展的話語系統，繼續在臺灣、在香港成就了一套非常龐大的中西哲學融會的話語系統。我認為這樣的一套話語系統是所有西學研究者應該重新考察的一套話語系統，也是馬克思主義哲學研究者應該重視的話語系統。

這樣一套話語系統未必就純粹是中國式的話語系統，因為它基本上仍然是以西洋哲學的話語系統做主導的中國哲學的話語系統。這一點是我們整個中國當代的不幸，但是也可能是一個新的幸運；也就是我們必須徹底的拋離了我們話語系統之後，重新經由西方哲學的話語系統去理解我們的哲學與宗教學。我將這種方式稱之為「逆格義」的方式。以前，我們用一種「格義」的方式，用中國的話語系統去理解佛教、格義佛教，而目前是通過西方的話語系統來理解中國哲學，這叫做「逆格義」的方式。

經由「逆格義」的方式，瞭解以後，再重新締造一個新的話語系統。這是很奇特的一套話語系統。所以如果在臺灣純粹作中文系、有中國哲學、中國思想的研究，如果它是順著原先清代經學、樸學以來的那樣的話語系統來看我剛才所說的牟先生的話語系統，他會覺得是獨特的，讀不懂。你用了什麼「現象」與「物自身」，這是什麼話！在中國哲學裏面找不到，所以認為這很難接受。而在康德

的研究者裏，有一些因為師生的關係所以對牟先生頗懷敬意的，他也努力去強調這話語系統怎麼樣的連接、互動跟溝通；但是也有一些做西洋哲學的，他持一種很奇特作為人家威權體系底下的長工工頭的心態，而認為中國哲學的話語系統，這裏我講的話語系統，包括牟先生對於康德學的研究，他認為那根本不需要。這種想法很值得我們去瞭解，也值得我們去憂心。

我們在這裏談如何互動、溝通，如何對談，整個中國未來發展怎麼可能的時候，其實我是注重到馬克思主義傳統裏面，很強調通過一種實踐論的思維方式，來考慮人跟人之間的問題、人跟自然的問題、人跟社會的問題。而這樣的一個傳統，我認為跟中國哲學的話語、中國哲學的傳統，應該說可以密切地關聯在一塊。但是竟然在近七、八十年來，並沒有恰當的對話，所以我們希望有這一個對話的新的可能。就這一點來講，當代新儒學像牟先生所作的康德學跟儒學、跟道家、跟佛教的互動、溝通，其實我們從那裏再往下看，從康德到費希特到黑格爾所成的德國觀念論傳統，逾過了馬克思主義的傳統，費爾巴哈到馬克思主義的傳統，這樣的一個人文主義的傳統，以實踐為核心導向的傳統，其實是中國哲學未來發展的一個可能的向度，也是一個對談可能的向度。

我還是要強調，我們以「逆格義」方式重新理解中國哲學，這在歷史已經成為一個不可免的階段，已經走到了這個階段，並且已經有一定的里程碑了。而未來應該也順著這樣的里程碑繼續往前推進。所謂往前推進，我的意思就是說，從「逆格義」的方式進到中西話語系統有更多融通的可能。而我認為在這方面，臺灣能夠出一些貢獻；而大陸也有它的這樣強大的可能的貢獻，最大的可能的貢

獻就是馬克思主義哲學的話語系統在整個中國大陸，可以說無孔不入的進到這塊地上的人們心靈深處，它形成一定的話語的構造方式、溝通方式、對談方式。而我認為它已經不再只是經由政治威權而達到的效果，它已經形成人們生活世界裏頭日常語言的一部份。我認為這就必須正視這樣的經驗事實，從這個經驗事實出發，才能接續剛才再談中國當代可能新發展的哲學。

從我前面的一段疏清，繼續剛才前面我們那一個小時所釐清出來的一些問題。發現問題，進而更作一個原思考方式的來檢討我們怎麼樣有一個新的可能。那麼大家可以聽出來，其實我是強調中國哲學有他自身的話語系統的，而這個自身的話語系統在整個當代是隱而不張的。不過經由「逆格義」的方式，仍然使得這樣的一套話語系統慢慢地被釋放出來，還有更多沒有被釋放出來。就這一點來講的話，也因為這個樣子，我非常強調從事中國哲學研究的年輕朋友們一定要下原典的苦功，因為那套話語系統你怎麼使它傳送出來，其實是相當困難的。它的困難度是因為整個中國當代很多複雜的因素造成的。不過因為它非常複雜，一旦傳送出來，就好像即使是一株小草，它堅韌的生命裏能夠穿出封在它地面上的水泥的，鑽出來的時候，它是具有強烈的生命力的。就這一點，我是很肯定的。我這一段的發言就先說到這裏。謝謝！

◎以地區主義的主體性把握中國哲學的主體

鄧曉芒教授：

現在開始已經有些接觸點，還可以更加貼近一點。我首先想談

談剛才郭教授的發言的一些感想，就是「哲學」、「中國哲學」與「在中國的哲學」。好像最開始是馮友蘭先生提出這麼一個區分的。這種區分乍一聽好像挺玄的，「在中國的哲學不是中國哲學」，中國哲學當然是在中國的了。仔細一想呢，也有它的道理；在中國的哲學不一定是中國哲學，也可能是外國哲學，也可能是西方來的馬克思主義哲學。但是，再反過來一想，恐怕還有商討的餘地。就是說這裏頭忽視了一個東西，在「中國的哲學」也好，「中國哲學」也好，都忽視了一個什麼東西呢？就是實際上這歸結到都是中國人在搞哲學，是中國人在搞，不是中國在搞哲學，是中國人在搞哲學。這個涉及到有沒有一個一般人的概念和一般的哲學的概念。我想馮友蘭先生當年沒有研究啊，從義理上至少可以有這樣的一個漏洞，就是沒有承認有一個一般的超越於中國人、西方人和所有他人之上的一般人的哲學本身。所以，我想這個話語如果更貼近一點來談的話呢，我們可以這樣說，就是在中國的人的哲學，可能更準確一些，能夠貼近哲學的本性。我還是剛才的概念：哲學沒有國界，不分種族，它是人類的一個公器，是普遍的人類所追求的一個共同的目標。否則的話，我們今天也用不著對談了。

　　這個問題像陳康先生——這是我們中國人搞西洋哲學在西方取得的成就最大、現在目前公認的成就最大的一個人；好像是去年去世的，在美國。他是在西方導向下致思的，搞的水平非常高。他是西方當今搞柏拉圖亞里斯多德哲學的權威學者之一。他的意見，那西方人也要聽的。他就有過這樣一段著名的話，他說：中國人搞哲學，不能夠，他舉了個例子，不能夠像這樣，比如說雅典人到斯巴達去演戲劇、演悲劇；雅典人當然很會演悲劇了，在當時是世界第

一。或許斯巴達人到雅典去練武功；斯巴達的武功是最高的，在當時到雅典去練武功。他說這個不算本事。真正要做到的就是說，是雅典人到斯巴達去練武功，斯巴達人到雅典去演悲劇，他認為這個才是真本事。陳康先生身體力行的做到這一點，到西方去講西方哲學，而且講到了這樣的造詣、這樣的層次，這個是很不容易的。這個充分證明了中國人的智慧在全世界一點也不比西方人低。

我記得還是一九八六年，我還住在「三十六家」（武漢大學一教師住宅區名）的時候，郭先生到我家來，我們有一個談話，談到出國的問題。郭老師就對我說：「你還是應該出去一下，你是研究西方哲學的。」我說：「我不是搞西方哲學的，我是搞中國哲學的。」郭老師當時眼中非常疑惑，一臉的困惑。不知道現在搞清楚我的想法沒有。當時算是給郭老師打了個啞謎。就是說，我是搞中國哲學的，所以我對於出國呢，也不是說不感興趣，我是說我是多次，蕭萐父先生給我聯繫到德國去，我都謝絕了。蕭先生還跟張世英先生在德國找倪梁康，倪梁康還給我來了信，說這一趟可以幫你聯繫到德國來訪問。我說我沒有時間，我說我搞自己的事。我搞西方哲學，不是說要把他搞成一個專業，或者怎麼樣；我是把它當成哲學來搞。於是主動放棄了。而且，我估計我們這一代本來是耽擱了的一代了，外語、聽力、口語，都是很差的。如果要出去呢，時不我待，年齡已經到了這個年份了，出去再搞個幾年，你要把德語精通到能搞哲學，沒有十年，那你是搞不了的。我權衡利弊，我不去。

去年蕭先生和特裏爾大學的喬偉先生聯繫幫我搞成了，那我不去不行了，所以就到特裏爾大學去搞了一個月，很不像樣的這樣去走了一番，也算是出了國吧。其實我是不願意的，我連一個月都不

願意去。爲什麼呢？我覺得我沒有時間。他們說，你到國外去體會一下西方文化，你會對西方哲學理解更深，這個我不否認。但是我想呢，從著作裏面去理解，從文章裏面去理解思想，我還理解不過來，沒有時間去體會西方的樹長得什麼樣，房子蓋得怎麼樣。

這幾年，我給自己定的任務，可以說是超量了。所以我對外出不大感興趣。我不是說要大家都學我，我是一個特定的情況。我非常贊成林先生到國外去訪一訪、問一問、體會一下。但是我自己呢，我覺得我搞的是中國哲學，當然中國哲學也要到外國去一去，也沒有壞處，只有好處。但是我現在條件非常有限。這個就說到這裏。

所以，在中國搞中國哲學，是不是一定就要搞傳統的。當然傳統的是要搞，因爲中國有幾千年傳統，當然應該關注傳統。但是這個東西有一個本位立場的問題，你搞中國傳統哲學的時候你是把你的立足點放在古聖先賢的立場上面，像孔子所講的「君子有三畏」？還是立足於個人的體驗？所謂個人體驗，這個裏面還有另外一個維度。就是說個人當下的現實。就是說，我把哲學作爲我個人的一種哲學來搞。但是這個個人不是抽象的，個人是生活在社會中、生活在歷史中的。所以我搞哲學實際上立足於我在幾十年中在中國的現實生活，我所體會到的、直接感受到的現實生活。這樣搞出來的哲學，不管我是搞西方哲學的，還是搞馬克思主義哲學的，恐怕還只能算是中國哲學。因爲是在中國的中國人搞的。這個在中國的哲學當然是中國哲學。相反，如果不是立足於個人本位來搞中國哲學，不是立足於人這個本位，也就是中國傳統哲學，日本人跑到中國來，搞了一下，回去了，寫了本書，這算不算中國哲學，恐怕就還是有一點疑問。一個美國人，在美國通過翻中國的史料（他們的資料很豐

富），他們做了一些學問，搞了中國哲學，像墨子刻，這樣一些個學者，當然我們還是認爲他們搞的是中國哲學了。但是嚴格意義，我認爲的這不是中國哲學。因爲它不是對中國人有影響的代表中國人的時代精神的哲學。

◎代表時代精神的哲學：哲學和生命、生活、現實密切關係

我始終有這麼一種觀點：哲學被我們搞成了一種什麼東西！搞成一種青燈黃卷，在那裏埋頭窮經皓首的那樣一種學問，那樣一種專業。我覺得這個不是哲學，這個是一種非哲學。當然也可以說這個裏頭有很多古代的智慧，但是，眞正的哲學是跟生命、跟生活、跟現實密切相關的。我就還看不到。除了先秦和古代的某些哲學家以外，在現代以來，我還沒有看到一個提出自己的一種哲學，它是代表時代精神的。當然有很多大家，熊十力也好，牟宗三也好，唐君毅也好，很多大家，金岳霖啊，馮友蘭啊，他們都在搞中國哲學；但是這種中國哲學在什麼意義上代表了時代精神，代表了我們這個社會、這個文化在現代轉型的一個契機，而且是集中代表了，集中代表了這樣一個契機。我好像很難看出來。他們在談哲學的時候就談哲學，談哲學以後其它都不管。

而西方哲學，比如德國古典哲學，康德、黑格爾他們有大量的著作，啓蒙啊、社會政治啊、還有科學、倫理、道德、文學、藝術、美學，全面鋪開，形成一股思潮。這個思潮也許只有幾十年，也許可以延續一百年；康德延續久一點，一直延續到今天，還在適應這個思潮、適應時代的需要。

我們今天這些哲學家，他們的哲學思想是不是能形成一股思

潮？我覺得對這些很抱懷疑。所以我想，哲學在中國被中國人搞成了什麼東西呢？恐怕還得要好好的評價一下。我想中國人的哲學如果從這種立場上來看，那就不管是馬克思主義的，西方的，還是中國的，都是中國哲學。在中國的哲學也好，中國哲學也好，我不否認這個裏頭都是有它的價值的。我們今天搞傳統哲學，但是要搞出新東西來，搞出九十年代、二十一世紀的傳統哲學、中國哲學來，有沒有這個魄力？比如說，林先生搞後新儒家，我覺得是有新意的。國內也有些新儒家、新道家，但是我覺得國內新儒家好像跟著海外新儒家講的很多東西，好像沒有很多新的創意。當然我讀的不多了，我是瞎說了。

　　但是你像古代希臘，希臘哲學我們現在看起來是一個整體了；但是在當時非常雜亂的。比如說雅典，雅典在很長一段時間裏是沒有哲學的，根本沒有哲學傳統，是後來的像阿那薩哥拉、普羅塔戈拉、德謨克裏特這些外鄉人跑到雅典來搞哲學，他們搞出的是什麼哲學呢？是雅典哲學。我們搞希臘哲學，搞雅典哲學，雅典哲學是從哪裏來的？是外來人搞的，他們搞出了雅典哲學。

　　那麼，今天我們住在中國的人為什麼不能把西方哲學搞成一種中國哲學呢？這也是我這些年來一直在考慮的一個問題：能不能把西方哲學搞成一種中國哲學。我是中國人搞的，我哪怕不引經據典地引用中國的典籍，但是我是中國人，我身上滲透著中國傳統的血液，這是你想擺也擺脫不掉的。但是以我這樣一個中國人的眼光和立場來讀，比如說黑格爾、康德的書，我對黑格爾的評論是中國人的評論，我對康德的評論是中國人的評論，有些結論，恐怕西方還沒有這樣的結論，那是非常獨特的。

　　進一步，我從這個裏頭能不能再搞出一套我自己的哲學，我的哲學？！我想用誰就用誰，用黑格爾就用黑格爾，用老子就用老子，用王船山就用王船山。但是所有這些東西，所有這些範疇、概念、術語，在我的體系裏面它是我的，它是貫通一氣的，它有我的解釋，也許不太符合於前人的解釋，但是它有我的解釋。我用這些概念不是顯示我的博學，是不得已；我覺得那個裏頭非要用那個概念才能表達那個意思。

　　那麼如果是立足於個人的立場，個人是生活在時代中的，我想它是有時代精神涵義的，它會有時代精神涵義的，它會得到一個時代的思潮的支援。這個時代思潮當然也很廣泛了，不光是哲學領域了。

　　哲學不是孤立的，哲學不是一個象牙之塔，哲學跟外界是有千絲萬縷的聯繫的，比如說文學，比如說現實生活，我們現在的政治體制改革、市場經濟，以及法制建設等等。我覺得一個哲學家對這些東西都應該有所瞭解；當然不一定像專業的那樣的內行，但是都要有所瞭解，要把握到時代的命脈，來把這樣一個時代精神反映在自己的哲學的範疇、概念體系中，這就是中國哲學。我理解的中國哲學是這樣的。所以，我十幾年前給郭老師打的那個啞謎的謎底就在這個地方。

◎西洋哲學研究、馬克思主義研究成爲中國哲學組成一部份的
　契機：進入中國古典話語系統，傳送出更多哲學

林安梧教授：

這叫當眾揭謎。在鄧教授當眾揭開那個啞謎之後，我覺得這個啞謎背後還是也有一些「迷」，這個「迷」就是把原來「啞謎」那個「迷」「言」字旁拿掉的那個「迷」，很迷人的，但是有一點令我覺得迷惑的地方。而這個迷惑的地方是整個中國當代人的迷惑。

但是我覺得剛剛鄧教授的那段話是很動人的；我也覺得西洋哲學是這麼搞的。所以我從來不覺得好像你非到西方，不能夠搞西洋哲學，我不是這麼想。其實更嚴重的講就是，在臺灣還有人認為，你搞中國哲學還是要到西方去，才能搞好中國哲學。這是一種非常荒謬的想法。

也就是說，我們的主體性何在的問題？顯然剛剛鄧教授是很強調怎麼樣把握到這個主體性。不過，這個主體性我也不太贊成血緣主義式的主體性，但是你剛剛提到的地區主義式的主體性，就是你假設的中國哲學，那就是說墨子刻搞的是不是中國哲學？墨子刻搞的是中國哲學裏頭的某一個向度，或者廣義的中國哲學，或者把中國思想史裏頭的某一些論題來推出來。請問杜維明搞的是不是中國哲學？再如波士頓儒家，其實比較接近說在波士頓的儒家。我們幫他算一算，再怎麼算都不會超過一百人。在波士頓的儒家，當然環繞著杜維明為中心的這樣的一群學者所構成的學者儒家。思考儒家問題而所謂的儒家，他跟生活方式是沒有關係的，跟怎麼樣來看待這個世界也未必有關係，這個是很有趣的。所以像那樣的儒家是不是可以算作儒家？從廣義的來講，當然也可以。這個地方就有很多可以鋪開繼續去思考。所以我就想，就是說，你在中國，剛剛鄧曉

芒教授提到的那個問題，你回到在中國這個地方要搞一個中國哲學，而且是西洋哲學的其中的某個部分，比如說做的是康德研究、黑格爾研究，但是是中國哲學，而不只是西洋哲學在中國。這裏很顯然，話語系統就必然要跟中國哲學的話語系統密切關聯。如果沒有密切關聯的話，那他其實是另外一個方式，它也可能因此形成一個很強大的力量，這個地方怎麼樣控制，形成那個地方的話語系統。譬如說，菲律賓原來不是講英語的，現在英語成為菲律賓的通行語言，如果就語言來講，菲律賓這個地方變成講英語的。

那麼你講的所謂的你搞的那樣一個西洋哲學，在中國的西洋哲學，是不是你的想法就是不是把西洋哲學轉譯成中國哲學，並且就在中國哲學生長，而這個生長的過程裏面，當然你會想到話語系統也參與過來。但是問題就在於，中國哲學的話語系統在整個中國當代是非常非常稀薄的，並一直減少。我剛剛提到的這種「逆格義」的方式勉強地拉出來一些，然後連在一塊。

當然，我還是比較樂觀地去想，它會有強烈的生命力，再怎麼樣生長。但是問題如果這一代人在從事西洋哲學研究、從事馬克思主義哲學研究，希望它成為中國哲學主要的一部份，而是帶有中國特色的，或者真的中國哲學的組成的一部份，而不會只是西洋哲學在中國、馬克思主義哲學在中國，這一點來講的。我們真的應該重視整個話語系統，中國哲學話語系統，怎麼樣的拉出來，有一些互動。這一點我就覺得其實我們更應該正視前輩先生們做的一些研究，做的一些開創，包括金岳霖，包括熊十力，包括梁漱溟，包括唐君毅、牟宗三、方東美。我覺得他們多少都做了一點，我也認為他們多少都帶有這個時代的精神，只是因為一個非常強大的帶有外

力性的精神的侵入，使得我們失去了自己的主體性之下，我們對於他們的話語系統，如果我們站在作爲一個西洋哲學的研究者、站在作爲一個馬克思主義的研究者來講的話，非常容易的、很輕易的會忽視他們的話語系統。這一點是我感受到的。

所以，我的想法是如果鄧教授，我想出國一定是不用了，但是如果這個話語系統方面願意多接收，更多的互動，你剛才講的話就是「更貼近一點」，那麼進到中國哲學古典的話語系統裏面，從那個地方傳送出更多的哲學訊息，我認爲您剛剛所做的那樣一個哲學的宣誓是可能成就的；而那樣的成就，我認爲會是一個很重要的新的向度。這是我個人想到的，我想他應該會是同意的。這一點頭，我不只是聽到而已。

◎行爲系統的重要性及影響：中國文化還是活著的

郭齊勇教授：

如果我們四位的講話用電腦紀錄下來，然後挑選出頻率最高的一個字眼，那就是「話語系統」（眾人與郭先生一起說）；第二個字眼就是「搞」。一九八八年底，我們到香江出席「國際唐君毅會議」的時候，唐君毅先生的女公子唐安仁女士，和一位中國大陸去的學者談話。這位大陸學者問：「您是搞什麼的，是搞哲學的嗎？」，她非常生氣：怎麼用這麼不雅訓的字啊！我連忙過去解釋，我說，「搞」字在中國大陸的話語系統中不帶貶意，比如「我們要搞階級鬥爭」。政治話語中還有一個字「抓」，「抓革命，促生產」，「抓大放小」。如果我們把近幾十年報刊上關鍵性的字找到的話，還有

一個字「要」。「要如何如何」。剛好曉芒教授最近寫了一篇文章，他說孔子的話語中有一種霸權，「你們要如何如何。」其實，「要如何如何」絕對不是《論語》的論式，而是最近幾十年《人民日報》社論的論式。孔子是親切的，啓發式的，他與子夏討論《詩》的一段對話，即關於「繪事後素」的一段話，子夏體會到「禮」後，是多麼富有深意。

如果我們僅僅停留在話語層面是不夠的。曉芒教授剛才精采地講到他的人生的體驗，中國哲學不重視如何說話，根本上是如何做事，知識分子何以以自處，何以做人！

我想起了胡適之先生和魯迅先生，在這些激烈的反傳統的人中，他們有一套生活方式，一套行爲準則。其實這是比話語層面更爲重要的行爲系統。這當然也可以叫話語系統，但我認爲叫行爲方式、行爲系統比較好。這種行爲系統對於西洋哲學在中國的發展，特別是馬克思主義哲學在中國的發展，影響深遠。這也是中國文化還是活著的文化的一個例證，也說明中國文化作爲時代的精神的資源之一，它仍然在今天決定著我們的生活，我們如何和人相處，乃至我們對於天、地、人、物、我關係的一種觀照方式。百年來，西化無疑是一種強勢的、權威的話語，但是我們要看到，西化派人物的行爲、生存方式倒不乏中國性。如胡適之先生，「胡適大名垂宇宙，小腳女人亦隨之」。包括魯迅先生，包括他們人生的理念，他們對社會的積極參與，包括我國第一代馬克思主義者，他們的「捨生取義，殺身成仁」，這樣的一種終極理念、生死觀念，他們的大同理想，乃至於生命的活生生的辯證法，這都是中國文化的積澱，也是馬克思主義在中國傳播的文化土壤。無論是西化派的知識份子

還是馬克思主義的知識份子（我講的是胡適、陳獨秀、李大釗等，不是今天掛羊頭賣狗肉的那些人），他們的行爲方式，思想方式，話語方式，在很大程度上和傳統資源有解不開的結。從清末睜開眼睛看世界的第一代人開始，我們民族現代化互動的先驅者，民族思想解放的先驅者，救民於水火中的民族志士仁人，他們身上所代表的時代精神和傳統的紐結，是解不開的；剛才曉芒兄也講了，其實這個結是扭不開的。

◎民族精神與時代精神相結合，哲學具有原創性與創造性

日本人、美國人他們搞的中國學叫「漢學」，或者「中國學」，那不是中國哲學。他們只是把中國學問當作客觀對象去研究，並不以此安身立命。所以實際上，在當下的社會現實中，我們反省包括網路文化在內的文明：現代化是一把雙刃劍，她對我們民族性的傷害，乃至於對整個世界文化、環境、發展的傷害，我覺得需要我們更加倍地去汲取傳統精神資源的力量，加以調節和治療。

其實，古聖先賢在當下並不是置於我們之外的。對於《論語》、《孟子》、《老子》、《莊子》這樣一些經典的東西，對於禮樂文明、六經諸子，我們要保持溫情和敬意，因爲這些精神資源完全可以轉化爲時代精神。

當然，任何時代精神，可能會變成時代的謬誤。自由主義者殷海光先生，它是一位西化極其強烈的人；在他臨終之前，他談到「五四」陳獨秀、胡適之，他們「打倒孔家店」，這無疑是當時的時代精神，但，回過頭來看，這是一種時代的謬誤。他說，一種言論，例如必欲倒孔才能實現民主等等，因合於一時一地的情緒偏向和希

望而形成了所謂「時代精神」而被普遍接受，那麼錯誤的機會可能更多。

適應現代化，適應後現代的發展，不是要和傳統決絕。所以剛才安梧兄特別講到了明清之際以來，利瑪竇以來，民國以來，嚴幾道先生以來，還有像馮友蘭、湯用彤、賀麟、陳康先生等等的貢獻。曉芒兄也講到了。賀麟先生譯康德的《批判》認爲用莊子的「批導」這兩個字來說更有意味。金岳霖先生抓住中國核心價値觀念的核心觀念、中心範疇的中心範疇「道」；儘管他的《論道》還有非常多的缺失，他自己說是「舊瓶裝新酒」，但他抓住了「道」這樣一個核心的範疇，的確是中華文化區的中堅！

的確，哲學是公器；的確，西化無疑是一個強勢。但是當拿破崙的馬隊把法國人民主、自由、博愛這樣一些價値帶到德國的時候，德國的啓蒙主義者赫爾德卻提出了「保衛德意志文化傳統」的口號。他說，法國文化是一個文化，法國文化不是普世性的文化。今天面對英語的橫行無忌，法蘭西人也提出了純潔法蘭西語言，捍衛法蘭西文化傳統的口號，可見，文化是有民族性的。無論你走到哪裏，你都是中國人，而你所有的處世方式都是中國式的。在一定意義上，堅持時代精神，凝鍊時代精神和我們祖宗的原典文化是可以接殖的。現代化與傳統的關係，在美國，在七十年代以來，余英時先生說，其實也是很對立的，看法是很絕對的；七十年代以後，人們才開始把傳統作爲一種積極健康的力量滲透到當代的生活之中。剛才講到的南樂山（Robert Neville）先生在提倡「波士頓儒家」，他說中國的「禮」很有道理，禮樂文化的「禮」，它完全可以對西方做出一些調適，做出貢獻。他是一個道地的基督徒，是波士頓大學神

學院的院長，他能夠有這樣的慧解。

　　方東美先生是哲學大師，他看不起一些人在西方出版的關於介紹中國哲學的書，他自己用英語寫了很多關於中國哲學的書，他受到拉達克裏西南，印度的一位很有名的哲學家和政治家的影響。他說，哲學界上在世界有四種樣式：一種是希臘、一種是印度、一種是歐洲本土，還有一種是中國，都是哲學，但有樣式的不同。他說中國有四大思想資源和四大思想傳統，一個是儒家，一個是道家、一個是釋家（佛教），一個是宋明理學。應該看到，我們今天還有新的傳統，近百年來中、西、馬克思主義哲學家們有他們的維度。我剛才所說的還需要五百年是一種比喻。孟子說「五百年必有王者興」，不是實指的五百年，只是說它需要很長的階段。

　　我是從另一個角度來提出這樣的問題，即：在全球化的這樣的大潮之下，還有沒有民族性的地位？談民族性，當然是與時代性相結合的，民族精神和時代精神總是結合在一起的。華夏族群的精神形態，蘊含了我們民族的性格、終極信念、生活準則、生存智慧、處世方略。化為族群的文化結晶的哲學，化為族群的意識與心理，它在今天仍是活著的，具有超越時空的價值與意義。因此，經濟全球化、世界一體化或網絡文明的來臨，並不意味著民族性的消解，也不意味著前現代文明已毫無作用，更不意味著我們只能「向西走」。沒有多元化就沒有一體化，文化精神總是多層次的。「文化資本」、「社會資本」可以豐富現代生活。

　　最後，我還要針對鄧曉芒兄談一點，他先是以古希臘哲學作為哲學的唯一標準，不太願意承認中國有哲學；後來勉強可承認了，又說中國人的哲學沒有創造性，老是炒冷飯。這也是一種誤解。中

國哲學家在解釋經典時總是寓以新意。中國的經典詮釋有自己的傳統。中國哲學家在世界哲學史上有偉大貢獻。在中國哲學史上，實際上，《詩》、《書》、《易》、《禮》諸經，孔子、孟子、老子、莊子、墨子、荀子與宋明理學家等，他們各自從不同的路向提出了他們對宇宙的看法，他們的治國方略和人生理念，這就是他們的時代精神。他們有原創性。中國哲學史上有很多轉型，都是創造。但這些創造並不與先秦資源絕對對立。安梧兄講到的王船山的轉型。王船山「六經責我開生面」，所有傳統資源，在天崩地裂的時代，開出新的東西，提供了很多新的東西。只要我們以平常心，以溫情和敬意的態度尊重我們本土的文化傳統、哲學傳統，我們都可以發現無限的珍寶，特別是生存的智慧，深度的倫理，人與天、地、人、物、我的關係的睿智，人追求的意境——藝術天地、道德價值與意義的世界等，很多思想可以成為現代化的正面、積極、健康的力量。謝謝大家！

◎話語系統的差異、體現著文化系統的差異、價值觀念的差異、思維方式的差異

歐陽康教授：

當我們討論了中、西、馬是否應當互動的問題後，進一步提出一個問題：即這種互動的途徑到底何在？我倒是有一個感覺，這涉及話語體系及其相互溝通的問題。我認為，表面看來，這是個話語的表達方式問題，實際上不僅僅是話語系統。話語就是思維，話語就是價值，話語就是方法，話語就是內容。僅僅把話語作為一種形

式和載體是不夠的。實際上，在東西方之間的話語的差異中間，恰恰體現著思維方式、價值觀念、方法體系的差異。由於這些差異的存在，我覺得在不同文化和哲學體系的溝通中，確實存在著一種比較特殊的困難，這也是我自己覺得非常困惑的一個問題。我一九九五年在英國的時候，當時網上一直在討論一個問題，就是到底應當到哪裏去學德國哲學。一些美國人說，我們一定要到德國去才能學好德國哲學；而且美國人還認爲，我們一定要學好德文，才能學好德國哲學。但是一些德國人恰恰說，「我只是到了美國，讀了英文版的康德的書，才眞正懂得了康德。」這是非常有趣的一種現象。我覺得這樣一種話語之間的差異，實際上就是文化體系的差異、價值觀念的差異、思維方式的差異。

　　這種差異也存在於中、西、馬三種哲學傳統之間。現在我們講中、西、馬，是因爲已經有了這樣一個現實了，畢竟是有了中國的這樣一種過去幾十年形成的這樣一種現實。有了這樣一種現實後，從事進一步的交流與互動，就顯得特別的困難，所以我倒很想請教安梧兄，當我們以一種白話文或者現代話語這樣一種方式，來表達了中國傳統哲學以後，它還是不是傳統哲學？這就涉及到一個傳統文化現代化的可能性和途徑的問題。按我理解，金先生、馮先生等都在這方面進行探索。當時在哈佛大學我跟杜維明先生也討論這個問題。他過去提出儒學復興，後來進一步談「文化中國」。那一天，他給了我約兩個小時時間，很難得。我們在一塊討論了很多問題，其中包括，對於中國傳統哲學的現代詮釋，還是不是原來的傳統哲學。這個問題不光適用於中國哲學，實際上對馬克思主義哲學也有這個問題。在當代的馬克思主義哲學研究中，大家比較強調的是兩

個方面。一個方面，就是回到馬克思的問題，回到尤其是以《1844年經濟學哲學手稿》《關於費爾巴哈的提綱》、《德意志意識形態》爲主要理論載體和文本的馬克思。這樣一種回到馬克思，對於建構一個二十一世紀的或者新的馬克思主義哲學的體系或者形態，都是非常重要的。但是它同時提出另外一個的問題，就是這種「回」是否可能？怎麼樣才能回去？這個回到的馬克思是不是眞正意義上的馬克思。這個過程中間可能完全出現，有多少個馬克思哲學的解說者就有多少個解釋者心中的馬克思這樣的一種情況。

所以在這個意義上，我們又特別強調立足於當代的現實的實踐，立足於現時代的時代精神，來進行當代的哲學創造。在這個過程中間，我覺得又存在一種悖論性的問題。我們主張一種個性化的創造，最近《哲學研究》（二○○○年）第二期有一個書評，評了我的《哲學研究方法論》和其他兩個學者的書，其中對哲學研究的個性化問題也發表了議論。我自己覺得眞正的哲學應當是個性化的，而且實際上是高度個性化的。但是，高度個性化的東西又怎麼能取得曉芒兄剛才講的這樣一種沒有國界、沒有民族差異的世界特質。當今世界正在爲這樣一種超越提供一種條件，比如說語言，特別是英語這個話語系統。從我接觸到的好多包括德國的、法國的、英國的哲學家，現在都要以進入到英語哲學圈，尤其美國哲學圈爲榮，認爲這才稱進入到世界哲學圈。一位美國學者非常驕傲地告訴我，美國是世界上最大的哲學生產國。他們以爲美國的哲學在世界上的地位，超出了美國在經濟、政治、軍事與其他各個方面在世界上的地位。這是美國哲學家的一個自豪的估計。我在《當代美國哲學走向》這篇訪談錄（《哲學動態》，一九九九年第十一期）中談到這個問題。

因此，目前的主要問題是能否找哲學間相互溝通和共同發展的有效途徑的問題。找到了這種途徑，就可以溝通，找不到這種途徑就難以溝通。我們現在正在爲尋找和創造這種途徑而努力，以後還需加倍努力。謝謝！

◎中國哲學話語系統的生命力的表現：以現代漢語重鑄傳統哲學典籍，是一種創造性的表達

林安梧教授：

我想我們可以比較自由地稍微停一下好了，這是我的一個建議。就是說我現在想起來就談兩句。

話語系統牽扯到的面很多，它既是思想，也是價值評價，它也是一個行動，這是連在一塊的，這是顯然的，這個過程裏面，我想剛剛郭齊勇教授所提的，他的意思就是說：在我們一般所談的話語系統的說法之外，其實有一個更深層的話語系統。這個更深層的話語系統，它其實雖然不是那麼直接地顯現出來，跟你產生對話，但是它也放到你的生活裏面參與對話。但是，我就擔心，因爲它隱而不顯，如果強勢的話語系統太久了，它也慢慢消亡。這是很明顯的。

我在此舉一個很簡單的例子，就是在臺灣來講的話，國民黨政府到了臺灣以後，我們要求說國語。國語也就是我現在所說的這個話，就是「普通話」。但是由於強勢的一個壓抑政策，你不能夠用你的原來的母語，譬如說我原來使用的母語是閩南語，也有使用客家話。但閩南話的族群，它大到了一定的地步，它還保留了一些，客家話也會保留了一些；另外少數民族的語言有一些都忘掉了，臺

灣的少數民族有不少。因爲話語威權的力量太大了。但是另外一個現象就是，原來講閩南話的像我這一代的人，能夠講很流暢的閩南話的不多；它全部是已經變成普通話了，同化了。如果語言只是一個工具，那無妨害的。但是其實同樣一個語系，因爲閩南話其實是漢語的語言，而且是古典漢語、古代漢語。閩南話是目前來講還具有活力的最古老的話語，是古典的漢語，在漢語裏面，這個是很有趣的。譬如說，閩南話不是問人家「你有空嗎？」而是問「爾有閒否？」它其實有很多是很文言的。

我最早的大學本科念的是中文系。我們的中文系、廣義的應該是中國文化系，我受過很多語音學跟文學方面的訓練。很有趣的就是，我就證明說，其實我們認爲的那個「文言文」，是「文言」，然後把它寫成「文」了；「文言」是文雅之言，其實在古代是一個活著的使用的語言，並不是不使用的。閩南話是很明顯的，就是我剛剛講的「爾有閒否」，就類似這樣的。

所以我想說，我剛剛提到的，就是說我們怎麼樣讓這個隱性的，現在被遮掩的中國哲學的話語系統，怎麼樣讓它好好地說。這點是很重要很重要的，爲人類二十一世紀文明的發展來講的話，我們也應該做這個事；對於中國人在這個人類文明發展中，就自己本身怎麼發展，也應該重視這個事，也就是民族性；而就世界性，我們也要重視這個問題的。

所以，其實像今天這樣的場合，我還是很願意呼籲，就是說對於西洋哲學很重視的，對馬克思主義哲學很重視的朋友們，真的多重視一點中國哲學。而這個重視是真實的。所謂真實的意思就是你們也來講講中國哲學的話。這是怎麼講法呢？那就是你們也來讀

孔、孟、老、莊，正如同我去讀馬克思主義，正如同我也讀康德、黑格爾，我也讀洛克的契約論。這一點我跟鄧曉芒教授有點相通的，我不喜歡人家說：這個林安梧教授就是搞中國哲學的，因為他講「搞中國哲學的」那個「中國哲學」的意味上，就是只是中國學術傳統這一塊；我喜歡說：「喔，他是研究哲學的。」我也證明過，我也寫過一部有關西方哲學的著作，那是我所有的書中最快再版的一本，這是很有趣的。

我的意思也就是說，其實這個時代我們把哲學太窄化了；而且我們把從事哲學這個工作太用一種，如同剛才郭教授所說，來用「搞」這個方式做的。「搞」這個方式其實是對象化的，「你搞什麼」。（鄧曉芒插入一句：「還有搞定」。）對象化才能「搞定」，所以這個地方它是一種分裂的。其實在臺灣、香港是很少用這些字眼的，「搞」、「抓」在香港是很少用的，在臺灣是不用的。（郭教授插入一句：「也有，現在那裏也『搞』。」要稍微少一點。）這些年來，要是就話語系統的優勢與劣勢來論，現在西方哲學的話語系統非常輝旺，中國哲學的話語系統很弱。所以我們怎麼樣讓中國哲學的話語系統生長、讓它出現，讓它從掩埋在地底下讓它重新出土，讓他重新解凍，重新有一些發展的可能。我想就是作為我們今天這個對談的一個前談的可能，這樣的話，我是覺得是可以往前繼續發展的。我就先說到這裏。

鄧曉芒教授：

我再談一點啊。就是剛才談到的話語系統的問題，這也是我這些年比較關注的一個問題。我同意剛才歐陽老師講的，話語它本身

不是一個使用的工具的問題，不是一個單純的符號，而是一個生命力的表現的問題。所以你怎麼樣使用話語，這個跟你內心那種東西是非常緊密結合的，但是很容易走向那樣的一種傾向。既然話語是內在的意味的一種表達，那麼我們就要問了：什麼叫表達？ 如果它只是意味的外部方式，怎樣表達就可以忽略，或者用有限的表達去一味搞妙悟和沈思、意在言外，說到說不出來的時候，就說我這個是言不盡意，你們自己去體會。這個我覺得這恰好說明人的內在生命力的不足。內在生命力如果是充分、充沛的內在生命力，要有東西想表達，那麼它體現在語言方面，就會在語言上有創造性。它體現為創造的語言，比如說「五四」以來的白話文跟古代的「爾有閒否」的白話文不一樣，其實兩者當時都是白話文，但是這個白話文在今天來說也算文言文，也只是那些有文化的人才懂得。那麼這個白話文在今天在普通話裏面已經死了，在閩南話裏還活著。所以，古文當時肯定是有生命力的，在當代它如果還繼續有生命力，當然應該繼續活著。

怎麼樣繼續活著？我就想到這個問題。當代當然有很多變化，特別是語言方面的變化。我們今天的人能讀古文的，我們在座的能夠非常順暢地讀古文的，已經很少了，包括我自己，已經很難順利地讀古文了。但是我們又要關注古文。我還是同意剛才林先生和郭老師講的，我們是要高度重視我們的古代文化遺產。爲什麼要重視古代文化遺產呢？是因爲我們這個文化既然有這麼深厚的遺產，它裏面肯定蘊含著一些可能性，蘊含著一些我們用現代白話文表達的時候漏掉了的，被我們漏掉了的，或者我們沒注意到的，還保留在古代的表達方式裏面的一些資源。這個是毫無疑問的。

　　但是你怎麼樣能把它挖掘出來，是不是我們就是從《四書五經》開始背起，一直背到《十三經》、《二十四史》、《資治通鑑》這些，全部倒背如流，就能夠把它拯救出來。我覺得好像還不那麼簡單。

　　在當代社會裏面，你要讓古代的語言重新恢復活力，必須要用現代語言去給它進行加工，這就是一種創造，這就是對語言的創造。所以，我倒是主張，而且事實上也就是這樣，很多搞，又用到「搞」了，很多研究中國古代傳統的典籍的、原典的學者們實際上也正在做的，因爲它的那些詞彙是原典、古典的，但是他的語法是現代的，包括牟先生，包括，當然熊十力先生還是有很多文言文語法，牟先生他們這些大家，大量的語言已經滲透了西方現代語法。現代語法不光是表達方式問題，而是一定的思維方式，思維方式的一種轉變。思維方式的轉變是代表著現代人對生命體驗方式的轉變，我是這樣看的，這個裏頭是不可分的。那怕是牟先生那種詮釋經典、或者是用了很多「自我坎陷」這樣一些古裏古怪的一些詞，從典籍裏面取來的。我覺得，其實它還是現代的；但是在牟先生那裏，這是一種創造。

　　那麼在現代，還有一個有創造性的，就是毛澤東的哲學話語，毛澤東的哲學話語是非常平易近人的。毛澤東在延安時期寫的「兩論」，以及後來的《新民主主義論》和一系列著作，非常通俗易懂，老百姓都非常喜歡讀，都看得懂。對哲學感興趣的人在當時都喜歡讀。我覺得這表現出他的生命力對語言的一種創造性。當然，這種創造性今天到底如何評價，還有待於時間。比如說我就認爲他所表達的那個時代，抗日戰爭的危急時代，代表著話語的大眾化和話語

的下移。他的哲學術語都是很通俗的，當然他從傳統裏面繼承了很多東西，「實事求是」、「一分為二」這樣的一些東西都是傳統典籍裏面有的，也是傳統典籍裏面最通俗的東西。他不用那些很深奧的詞彙，但是他創造出他獨特的哲學話語。我覺得這個方面他是有創造性的。

毛澤東時代是那樣一個時代，毛澤東有創造性，其他人都沒有，大家都在話語零度，我們今天這個時代是另外一種，我們今天這個時代有這個時代的特點。我們每個人都面臨著一個創造性的問題。所以，繼承中國傳統的血脈，或者是弘揚中國傳統文化，這個不是說你把這個典籍倒背一遍就可以做到的。當然實際也沒有人這樣做。實際上每一個在當代在說中國傳統文化的人都是在創造，但是要有一個創造意識，你這個創造是從哪裏來的？這個創造是建立在幾十年以至於近百年以來，中國文化在接觸外來文化的時候，跟中國本土的現實生活，民族話語相結合所產生出來的一套現代漢語，白話文之上的。

而現代漢語在翻譯作品裏面達到一個高層次的翻譯體。這高層次的翻譯體不是民眾的，不是世俗化、不是大眾化的，但是它是中國的，是每一個有文化的中國人都可以進入、都可以憑自己對語言文字的理解直接進入的；而過去的傳統典籍裏面的很多東西已經死了。如果你想要它恢復生命，可以，你必須用現代漢語重述它，用現代漢語解釋它。這個詞，到底用現代漢語怎麼說，甚至用英語怎麼說，應該有這樣一種溝通的意向，當然完全溝通是不可能的。我們現代人已經不是古代人了，我們中國人也不是英國人。所以你要把兩種文字或者兩個時代的文字完全溝通，那是不可能的，它是一

個理想的指標。就是說如果你想保留中國傳統文化，從中間挖掘出新的生命力，實際上這個挖掘是很辛苦的，是要創造性的挖掘，是必須用現代人所習慣、所能懂的語言把古代那些智慧挖掘出來。

那麼這就有個前提，就是怎麼樣看待現代漢語。當然對於古典的那些文言的理解，那些體會我們現在不可能從小就從《四書五經》的背誦開始，但是也要盡量去做。但是，除此而外呢，還應該有一種溝通，就是說我們用現代語言來對它進行一種詮釋。這就是我理解的剛才林先生提到的「逆格義」的問題。「逆格義」，我們用現代漢語去「格」古典漢語的「義」，去「格」西方外來詞的「義」，這是一種創造，這完全是一種創造。這樣，我們就會使現代漢語不停留在一個乾巴巴的層面，而具有這樣一些豐富的內涵。現在很多情況就完全相反，就是簡單的搬用外來詞或者是古典的那些現成的術語。但是，這些仍然很新鮮，因為很多人不懂；於是呢，過一段時間，那已經過去的時髦了，也就不再有人提了。有一段時間，八十年代，大家都講「異化」。「異化」這個詞搞清楚了沒有？至今還沒有搞清楚。現在不講了，那已經是八十年代的時髦，現在不講了。那麼你現在把古代的那些詞翻出一個來，也一定有同樣的問題，你搞懂了沒有？你所懂得的那個意思是不是不可取代的？如果可以取代，就不用你翻譯；如果不可取代，那麼你要讓人家意識到這是不可取代的。你要通過現代漢語的詮釋，讓那些研究哲學的人，甚至於讓那些僅僅是對哲學有興趣的人，能夠過過通過你的解釋，發現這個確實是不可迴避的，繞不過去的，非用它不可。那麼，這個詞就有了新的生命。人家在談到你所談的這個問題，你所引導到的這個問題上的時候，就非用這個詞不可，它就有了新的生命。

　　所以這個話語的問題，我們中國傳統中間歷來不太重視話語，對於語言這個東西，我寫過一篇文章叫〈論中國哲學中的反語言學傾向〉，就是中國傳統哲學不太重視話語，這個跟西方哲學的邏各斯精神是完全相反的。但是我們現在在東西方的碰撞和交流過程中，以及我們對於古典的詮釋這一過程中，面臨著一個非常緊迫的問題，必須要把話語看作是不僅僅是一種手段和工具，話語是人的生存方式，是我們現代人的生存方式。應該是我們的生命衝動的一種表達，而且是一種創造性的表達。就像剛才歐陽老師講的，這個就是中、西、馬以及中國現代、古典，中國現代漢語與外來語相互之間的互動。我就講到這裏吧。

◎大地母土、厚德載物的中國文化

林安梧教授：

　　一九九〇年第一次到大陸，距離現在剛好十年，那時候大陸的朋友問我有關大陸的整個感想是怎麼樣，我那時候給出了一副對聯，那副對聯到現在為止，我仍然認為是對的，就是借用乾、坤這兩個字眼，所寫的一副冠頂聯，「乾道難知，惟誠立命；坤德未毀，斯土安身」，我認為中國文化很強韌的就像大地母土、厚德載物一樣，充滿了生機，馬克思主義哲學在中國、西洋哲學在中國，中國實在夠大、夠厚，文化夠悠久，因而它有一新的可能，使得馬克思主義哲學，西洋哲學都成為中國的構造的一部份。我想今天這樣的對談是一個起點，或者是一個起點前的起點。

郭齊勇教授：

時間已經不早了，但願這是一個起點，我們以後會繼續爲中、西、馬的會通努力。衷心感謝各位來聽我們幾位對談，謝謝林教授、歐陽教授和曉芒教授，我們今天的對談就到此告一段落，現在宣佈散會。

第三章　儒家人文精神與全球化

郭齊勇

　　人們一般認為，儒學是農業文明的產物，不可能為工業化和今天的科技文明，乃至經濟全球化提供任何有價值的東西。我認為：第一，就民族性而言，儒學不僅是農業文明的產物，也是華夏族群的精神形態，是中國乃至東亞社會文化的結晶，蘊含了東亞各民族的民族性格、終極信念、生活準則、生存智慧、處世方略。作為族群的意識與心理，它在今天仍是活著的。第二，就時代性和空間性而言，一切地域、族類之前的現代文明，當然包括曾經是燦爛輝煌的中國農業文明中的許多因素，尤其是精神因素，不可能不具有超越時空的價值與意義。因此，經濟全球化、世界一體化或網路文化時代的來臨，並不意味著民族性的消解，也不意味著前現代文明已毫無作用。第三，就多樣性與統一性的關係而言，經濟與科技之現代化、全球化的前提和必要的補充，毋寧是廣義的「文化」的多元化，即不同地域、族群、語言、宗教、階級、階層、性別、年齡的人們的豐富多樣的政治、經濟、文化需求，包括馬斯洛所說的人的生理、安全、群體歸屬感、愛人與被愛、尊嚴和自我實現等不同層次的需求以及不同的價值理念與不同的民族文化自我認同之間的碰

撞與交融。正所謂「和實生物，同則不繼」；沒有民族性就沒有世界性；沒有本土性就沒有全球性；沒有多樣化就沒有一體化；沒有人文精神的調治，當下與未來社會的發展只可能是畸形的、單向度的、平面的；沒有如布林迪厄和福山等人所說的「社會資本」「文化資本」（或「人的資本」）與文化能力的養育、積累，沒有工作倫理乃至全球倫理的建構，中國的「經濟資本」的建構和經濟與科技的現代化將是十分艱難的，所謂「經濟全球化」也就不可能是健康的。包括社會美德、人文素養、工作倫理在內的精神文化資本可以轉化爲經濟資本，亦可以豐富、改善、激活現代社會化的行爲方式。

儒學生發於遠古三代，奠基于禮樂文明，植根於中華民族的生活和人們的心靈之中，是傳統社會與傳統文化的主要精神形態。剝離其形式軀殼和政治化儒學的負面影響，其有機、連續、整體的宇宙觀，自強不息而又厚德載物的做人之道，和而不同論，人生意義和理想人格境界之追求等，都有其現實意義，可以作創造性的轉化，成爲滋潤現代社會和現代心靈的源頭活水。中華五千年文明孕育的人文精神，是我們走向現代化的二十一世紀的重要精神資源，是炎黃子孫精神生命的根基。弘揚中華人文精神，特別是作爲其內核的儒家人文精神，有助於克服當代社會生活的某些困境，尤其有利於當代倫理的重建。

一、儒家人文精神的產生及其內核

我們中華民族在長期社會實踐過程中逐漸形成了獨特的精神信念和價值意識。其中，尤以對「天、地、人、物、我」及其關係的

反思，特別是對「人」自身的反思最具特色。在中華民族長期融和
的歷史過程中，儒、釋、道三教，特別是儒教，在政教禮俗的各方
面影響甚巨。中華各民族及各種思想流派在歷史上關於人與天道 (天
神) 、人與自然、人與物、人與人、人與自身之關係的討論，可以說
汗牛充棟，人言言殊，今天我們很難以偏概全。但大體上，我們仍
然可以把三千年來，在社會上層與下層中逐漸形成共識的、圍繞「人」
的若干思考略加總結與概括。

　　與世界上其他民族一樣，中華先民在原始宗教的氛圍中，「人」
的地位闇而不彰，或者說，人總是與「神」，特別是與自然神靈的
「帝」，或有意志的人格神的「天」相聯繫、相糾纏的。甲骨卜辭
和《尚書》中的「帝」或「上帝」，就是殷代人的至上神。甲骨卜
辭中「帝其令風」、「帝其令雨」、「帝其降饉」、「帝降食受 (授)
又 (佑)」❶的「帝」，多半指自然神靈。而《尚書》、《詩經》中
的「帝」，則是自然神靈與祖先神靈崇拜的合一。「帝」或「上帝」
是人類群體及其生活的主宰。周代鍾鼎銘文中，「天」字出現的頻
率很多。「天」「人」兩個字的字形十分相近，「人」形上加一圓
點即是「天」字。在周代，至上神的稱謂由「帝」「天」混用，逐
漸變爲了「天」的獨用。「天」成爲了創造生命、萬物，並福佑人
間的人格神。如：「惟天陰騭下民」，「天乃佑命成湯」，「天乃
大命文王殪戎殷」，「天休于寧王，興我小邦周」，「天生烝民，
其命匪諶？」，「天生烝民，有物有則，民之秉彝，好是懿德」，

---

❶　分別見《殷虛文字乙編》和《卜辭通纂》。

等等❷。但「天」的人格神權威逐漸下落，變成非人格的最高主宰，甚至變成人們咒罵的對象，這在《詩經》中可以找到很多例證。

周代的禮樂教化，集宗教、倫理、政治於一身，其中表現了中華民族「人」的意識、「人文」的意識的凸顯。禮治顯然是人的積極有爲之治，但從本源上講，禮的源頭是「天地」、「先祖」和「君師」。天地是生命的本源，先祖是族類的本源，君長是政治的本源。所以，禮文，在上方事奉天，在下方事奉地，尊敬先祖，尊重君長。這是安定人民之本。而禮、樂之教，當然還有詩教、易教、書教等等，是用來對統治階層、知識階層的人，陶冶身心，端正品行的，繼而用來提昇百姓的文化素養、人格境界，調節、滿足人們的物質與精神需求。所謂「禮以道其志，樂以和其聲」❸，以禮節民，以樂和民，就是這個道理。

孔子的時代是中國人「人文意識」覺醒的時代。孔子說：「周監於二代，鬱鬱乎文哉，吾從周。」❹孔子把繼承了夏商兩代文明而又有所創新的豐富繁盛的「周文」，作爲我們民族深厚的大傳統。「周文」源於且不脫離原始宗教而又強調了禮樂教化。禮使社會秩序化，樂使社會和諧化。孔子點醒了、拯救了周代禮樂文明的活的精神，並把它提揚了起來，這就是「仁」的精神！「仁」是禮樂的內核，沒有「仁」的禮樂，只是形式軀殼、虛偽的儀節。

中國人文精神其實不是別的，就是孔子「仁學」的精神！「仁」

---

❷ 分別見《尚書》中的〈洪範〉、〈泰誓〉、〈康誥〉、〈大誥〉和《詩經·大雅》中的〈蕩〉、〈烝民〉。

❸ 《禮記》〈樂記〉。

❹ 《論語》〈八佾〉。

是什麼呢？「仁」是人的內在的道德自覺，是人的本質規定性，即
孟子所說的人異於禽獸的那麼一點點差別。「爲仁由己」，「我欲
仁，斯仁至矣」❺，突顯的是人的主體性，特別是道德的自主性。「仁」
又是「天、地、人、物、我」之間的生命的感通，又是「天下一家，
中國一人」的價值理想。這種價值理想以「己欲立而立人，己欲達
而達人」，「己所不欲，勿施於人」❻等「忠恕」之道作爲主要內涵。
這可以推廣爲人與人之間，乃至國家間、民族間、宗教間、文化間
的相接相處之道，乃至人類與動植物、人類與自然的普遍的和諧之
道。孔子的「仁學」是中華人文精神的內核，是人文主義的價值理
想，此不僅是協和萬邦、民族共存、文化交流的指導原則，而且也
是「人與天地萬物一體」的智慧。無怪乎《全球倫理宣言》的起草
者孔漢斯先生，把孔子的「己所不欲，勿施於人」作爲全球倫理的
黃金規則，這是很有見地的❼。

　　孔子和儒家極大地張揚了人的自強不息、積極有爲的創造精
神，特別是人在物質文化、制度文化、精神文化諸層面的積極建構，
促進文化的發展與繁榮，肯定道德、知識、智慧、文采、典章制度、
禮樂教化等等。但孔子和儒家在極大地肯定人的文化創造的同時，
並沒有陷於人類中心主義和人文至上主義的立場，反而謹慎地處理
了人文與自然、人文與宗教、人文與科學的關係。

---

❺　《論語》中的〈顏淵〉、〈述而〉。
❻　《論語》中的〈雍也〉、〈衛靈公〉。
❼　參見孔漢思等：《全球倫理》，臺北：雅歌出版社，一九九六年十一月。

二、儒家人文精神的特點

中國的「人文精神」，不與自然對立，不與宗教對立，不與科學對立。這是中國的，特別是孔子、儒家的人文精神的特點。錢穆先生非常強調這些特點，我在這裏加以擴充。

特點之一：儒家人文精神不與宗教相對立。

孔子「不語怪、力、亂、神」，「敬鬼神而遠之」❽，即對民間小傳統的信仰，對鬼神迷信不輕易表態，或採取存而不論的態度。但這並不表示他對當時精英文化大傳統的信仰有絲毫的動搖。孔子也運用占卜，強調祭祀的重要和態度的虔誠。孔子特別反覆申言對「天」的信仰和對「天命」的敬畏。孔子說：「獲罪於天，無所禱也」；「君子有三畏，畏天命，畏大人，畏聖人之言」；「唯天為大」❾。孔子保留了對「天」、「天命」的信仰與敬畏，肯定了「天」的超越性、神秘性。孔子讚美《詩經·大雅·烝民》篇的「天生烝民，有物有則，民之秉彝，好是懿德」為「知道」之詩❿，肯定天生育了眾民，是人的源泉，認為人所秉執的常道是趨向美好的道德，即天賦予了人以善良的天性。孔子肯定個人所具有的宗教性的要求，又進一步把宗教與道德結合起來。孔子和儒家的積極有為的弘道精神、擔當意識，超越生死的灑脫態度，朝聞夕死，救民於水火，

---

❽ 《論語》中的〈述而〉、〈雍也〉。

❾ 《論語》中的〈八佾〉、〈季氏〉、〈泰伯〉。

❿ 《孟子》〈告子（上）〉。

殺身成仁，捨生取義的品德，均源於這種信仰、信念。或者我們可以說，儒家人文的背後，恰恰是宗教精神信念在支撐著！孔子說：「天生德於予」；「天之將喪斯文也，後死者不得與于斯文也」；「道之將行也與，命也；道之將廢也與，命也。」⓫儒者的理想能否實現，聽之於命運，因為這裏有歷史條件、客觀環境的限制，不必強求，但也不必逃避，主體生命仍然要自覺承擔。儒家把這種宗教精神轉化為道德精神，儒學即是一種道德的宗教。儒家的「天」，是形而上的「天」，是道德法則的「天」，這個「天」和「天命」轉化為人的內在本質，在人的生命內部發出命令。如此，才有千百年來剛健自強的志士仁人們「以天下為己任」的行為和「三軍可奪帥也，匹夫不可奪志也」的氣概，乃至社會文化各層面的創造。足見儒家人文精神不僅不排斥宗教，反而涵蓋了宗教，可以與宗教相融通。這也是我國歷史上很少有像西方那樣的慘烈的宗教戰爭的原因。

特點之二：儒家人文精神不與自然相對立。

儒家的確把人作為天下最貴者。荀子說：「水火有氣而無生，草木有生而無知，禽獸有知而無義，人有氣有生有知亦且有義，故最為天下貴也。」⓬周秦之際的儒家認為：「人者，天地之心也」；「人者，其天地之德，陰陽之交，鬼神之會，五行之秀氣也。」⓭但人並不與自然天地、草木鳥獸相對立。人在天地宇宙間的地位十

⓫　《論語》中的〈述而〉、〈子罕〉、〈憲問〉。

⓬　《荀子》〈王制〉。

⓭　《禮記》〈禮運〉。

分重要，但人只是和諧的宇宙的一部分。「唯天下至誠，爲能盡其性。能盡其性，則能盡人之性。能盡人之性，則能盡物之性。能盡物之性，則可以贊天地之化育。可以贊天地之化育，則可以與天地參矣。」⑭這是講至誠的聖人，能夠極盡天賦的本性，繼而通過他的影響與教化，啓發眾人也發揮自己的本性，並且進一步讓天地萬物都能夠儘量發揮自己的本性，各安其位，各遂其性，這也就可以贊助天地生成萬物了。既然如此，至誠的聖人及其功用，則可以與天地相媲美，與天地並立爲三。人與天地並立爲三的思想，是在這種語境中表達出來的。

儒家人文精神強調天地人「三材之道」並行不悖，並育而不相害，且成就了一個人與宇宙的大系統。「《易》之爲書也，廣大悉備。有天道焉，有人道焉，有地道焉。」⑮《周易》稱天、地、人或天道、地道、人道爲「三材」，其「三材共建」和「三材之道」，就是把宇宙萬物歸納成不同層次而互相制約的三大系統，三大系統構成爲一個統一的整體。也就是說，天、地、人不是各自獨立、相互對峙的，它們彼此之間有著不可分割的聯繫，同處於一個「生生不息」的變化之流中。儒家人文精神是一種創造的精神——「天地之大德曰生」⑯——這種精神來自天地。「盛德大業至矣哉！富有之謂大業，日新之謂盛德，生生之謂易。」⑰天地之道，陰陽大化的作用，即生成長養萬物。生長萬物的富有叫做「大業」，每天都有新

---

⑭　《禮記》〈中庸〉。
⑮　《周易》〈繫辭下傳〉。
⑯　《周易》〈繫辭下傳〉。
⑰　《周易》〈繫辭上傳〉。

的變化叫做「盛德」，生生不停叫做「變易」。人效法宇宙的「生生之德」而不斷創進。「剛柔交錯，天文也。文明以止，人文也。觀乎天文以察時變，觀乎人文以化成天下。」❸物相雜之謂「文」，陰陽剛柔的交錯是「天文」，或曰「自然條理」。「自然條理」是多樣性的統合。依據自然天地之道，在社會人事中採取非武力的形式，叫做「文明以止」。「人事條理」即是「人文」。「人文」應效法「天文」。我們觀察「天文」來考察四時的變化，觀察「人文」來感化天下的人。足見人事法則應與自然法則相匹配，相照應。

宋代儒者講「人與天地萬物一體」，「不剪窗前草」，講仁愛之心遍及鳥獸、草木、瓦石，講「民吾同胞，物吾與也」，都是十分鮮明的例證。這表明，中國的人文精神不與自然相對立，不會導致一種人類中心主義以及對自然的宰制、佔有或無視動物、植物的存在；相反，它講求的是與自然的協調。「仁」與「生生之德」恰恰是自然宇宙的精神給人之社會文化活動的示範與滲透。

特點之三：儒家人文精神不與科學相對立。

儒家人文精神與價值理念非但不排斥科學，反而包容、促進了科學技術的發展。近百年來，對於中國傳統文化，人們普遍有兩種誤解。第一種誤解，即是認為中國傳統文化是泯滅人的創造性的，是束縛人的自主性和創新精神的。第二種誤解，就是認為中國傳統文化是反科學的，至少是阻礙科學技術之發展的。這兩種誤解都需要予以澄清。當然，具體地辨析中國文化在不同時空的發展過程中

---

❸　《周易·賁·象辭》。

的正負面的價值，不是本文的任務，這也不是三言兩語就可以說清楚的。我在上面闡述中華人文精神特點之二時，正面地回應了第一種誤解。這裏，我們借助於正面的闡述來回應第二種誤解。

中國人文精神並不輕視自然，亦不排斥技藝。對於中國古代科技的發展及其獨特的範式的研究，我們應當有獨特的視域，而不宜以西方近代科學作爲唯一的參照。李約瑟的研究儘管還有不少可以商榷之處，但他的慧識是擺脫了「西方中心論」，正確估價了中國古代的宇宙觀念、思維方式的特異之處，以及中國古代科學技術實際上做出的絕不亞於西方的貢獻。中國人取得了那麼多令世人矚目的發明創造，閃爍著驚人的智慧。「在希臘人和印度人發展機械原子論的時候，中國人則發展了有機宇宙哲學。」❶普裏高津也曾引用李約瑟的觀點，指出與西方向來強調「實體」的看法不同，「中國的自然觀則以『關係』爲基礎，因而是以關於物理世界的更爲『有組織的』觀點爲基礎的。」「中國傳統的學術思想是首重於研究整體性和自然性，研究協調與協和」；「中國思想對於西方科學家來說始終是個啓迪的源泉」。「我相信我們已經走向一個新的綜合，一個新的歸納，它將把強調實驗及定量表述的西方傳統和以『自發的自組織世界』這一觀點爲中心的中國傳統結合起來。」❷重整體、重系統、重關係的思維範式，重實用、重國計民生的行爲方式，給我國古代自然科學和技術的發展所帶來的成功的一面，我們應當有清醒而充分的認識。當然，我們也不諱言其局限性。

---

❶　李約瑟：《中國科學技術史》第三卷，北京：科學出版社，頁337。

❷　轉引自顏澤賢：《耗散結構與系統演化》，一九七五年版，頁107-108。

有一種看法，以爲重人生、重道德的儒家人文精神就一定會輕視自然、排斥科學，這也是需要辨析的。以中國宋代最著名的人文學者，也是最遭今人誤會與咒罵的朱熹爲例。朱子的「格物致知」中的「物」，既包含了倫常之事，又包含了自然之物。其「理一分殊」的命題，既重視宇宙統一的「理」，又重視部分的「理」和各種具體的「理」及其相互間的關聯。其前提是在「物物上窮其至理」。「上而無極太極，下而至於一草一木一昆蟲之微，亦各有理。一書不讀，則闕了一書道理；一事不窮，則闕了一事道理；一物不格，則闕了一物道理。須著逐一件與他理會過。」❷❶朱子的理學既重人倫，又重天道，肯定自然，肯定科技的價值，他自己在天文、地質、農學上都有貢獻，甚至對渾天儀、水力驅動裝置等有濃厚的興趣❷❷。

以上概述的儒家人文精神的三個特點又是相輔相成的。

三、儒家人文精神的當代價值

如前所述，中國經典如「六經」，是在天、地、人相互貫通的背景下，重天、重地又特重「人」與「人道」的，與西方思想家所說人類思想的發展，首先重「神」，其次重「自然」，最後才注重「人」的理路並不相一致。西方人文精神的遠源是希臘、羅馬，但真正形成一整套的人文主義，則是在文藝復興時代。文藝復興時代

---

❷❶　《朱子語類》卷十五。

❷❷　朱亞宗、王新榮：《中國古代科學與文化》，長沙：國防科技大學出版社，一九九二年。本書作者提出了很多與似是而非的時論頗不相同的觀點，是一部充滿獨到見解的專著。

的人文主義主要是針對中世紀宗教的。人文主義確實把人的肉體與精神從宗教權威下解放出來，人們謂之爲人性的復甦與人的自覺。歐洲早期的人文主義擺脫了神性的宰制，肯定世俗功利的追求，肯定人的情欲、情感，肯定物質的自然界。經過十八世紀德國的新人文主義、二十世紀的科學的人文主義、宗教的人文主義、存在主義的人文主義諸思潮的發展❷，目前西方人文學界的主潮不再是針對「神性」，而是針對「物性」，即針對著科技和商業高度發展所導致的「物」的泛濫和「人」的異化。近代西方思想的發展，從講神而講人，講人而只講純粹理性，講意識、經驗，再以下就講生物本能、生命衝動。人認識到「物」的重要，思想也外化到了極至，物質講到極至，思想和精神要不再墮落，就必須回過頭去找宗教、找神。例如宗教人文主義認爲，近代以來的文明社會，帶來了人的精神的世俗化與物化，使人的高級的精神生活、靈性生活的品質日益下降。馬利坦（Maritain）批判文藝復興和啟蒙運動的人類中心主義，使人逐漸離開了神與神聖性，這是人自身的墮落的開始。存在主義反對人類科學（包括社會科學）把人自身客觀化、外在化，反對人們在與物、商品、理性機器等的關係中，在生產物質財富的活動中，喪失了眞正的內在的主體性。現代社會視人如物，以駕馭機械的態度對待人。手段變成了目的，而作爲目的的人變成了工具，變成了符號、號碼。人被他人和自己抽象化爲一個非眞實的存在。因此，當代西方的人文學者所講的人性，已不是文藝復興和啟蒙運動時所講

---

❷ 參見唐君毅：《中華人文與當今世界（下）》，《唐君毅全集》卷八，臺北：學生書局，一九八八年，頁44-51。

的異於神性的人性，而是異於物性的人性。甚至他們中的一些人主
張回到人與神的合作，以拯救人的墮落。這就包含了西方宗教精神
的再生。這當然不是回到中世紀的宗教的負面，這些負面已經過近
代文化的洗禮，這是要借助宗教精神來避免人的再度淪落（即功利化、
工具化、異己化、物化）。西方馬克思主義、文化批判思潮所批評的，
正是科技至上導致的「工具理性」的過度膨脹或「理性的暴虐」對
人的奴役。

　　唐君毅先生曾經指出，現代人所而臨的荒謬處境是「上不在天，
下不在地，外不在人，內不在己」。中華人文精神，特別是儒家的
人文精神，可以救治現代人的危機。如前所述，它強調用物以「利
用厚生」，但不可能導致一種對自然的宰制、控馭、破壞；它強調
人文建構，批評迷信，但決不消解對於「天」的敬畏和人所具有的
宗教精神、終極的信念與信仰。儒家甚至主張人性、物性中均有神
性，人必須尊重人、物（乃至草木、鳥獸、瓦石），乃至盡心——知性——
知天，存心——養性——事天。至誠如神，體悟此心即天心，即可
以達到一種精神的境界。儒家並不脫離生活世界、日用倫常，相反，
恰恰在庸常的俗世生活中追尋精神的超越。外王事功，社會政事，
科技發展，恰恰是人之精神生命的開展。因此，中華人文精神完全
可以與西學、與現代文明相配合，正如我們前面所說的，它不反對
宗教，不反對自然，也不反對科技，它可以彌補宗教、科技的偏弊，
與自然相和諧，因而求得人文與宗教、與科技、與自然調適上遂地
健康發展。

　　當前的科技革命、電子網路等各方面的發展，使我們面臨著倫
理的重建。就生命科學的發展而言，基因工程、複製生命、複製人、

代理孕母、安樂死、動物權等等問題迫切地要求我們建設基因倫理、生命倫理。就環境科學和整個社會的可持續發展而言，面對人口爆炸、生態破壞、環境污染所造成的危機，人與自然之間需要有新的環境倫理。面對目前的現實社會，就社會關係而言，不少層面的人與人的關係被物質至上主義所侵蝕，轉化爲赤裸裸的物與物的關係，經濟利害的關係，錢與權的關係，錢、權與色的關係，欲望滿足與否的關係，一切都是「可計算」的，現實功利的。作爲社會細胞的家庭亦面臨著危機。家庭裂解、離婚率增長、單親家庭增多，重婚或所謂「包二奶」現象，性產業的火爆，日趨嚴重且腐蝕著整個社會。早戀與墮胎問題，愛滋病、吸毒等，亦非常嚴重。此外，隨著人口的老齡化帶來的老人贍養問題，由於社會保障體系和福利制度不夠健全，已經是老齡的人對超齡老人的贍養問題，已屢見不鮮。「孝」的問題需要重新引起社會的重視並重新加以界定。此外還有同性戀問題等等，均需要我們建設健康的現代的家庭倫理與社群倫理。公司、企業內外的激烈競爭，爾虞我詐，坑矇拐騙，信用危機，童工問題，打工者的權益問題等等，需要有新的企業倫理。商品經濟尤其需要信譽，因此「信」的問題又被提出來了。由於網路化、電子郵件、電子商務的飛速發展，又帶來網路倫理的問題。國家、民族、種族、宗教間的矛盾衝突，亟需要有新的全球倫理。乃至空間技術的發展，尚需要考慮空間倫理的建構。

儒學爲經濟全球化可能提供如下的精神資源和人文智慧：第一，禮樂文明的再創，文化空間的開拓與社會文化資本的積累和人的情感的培育；第二，儒家核心價值觀念「己所不欲，勿施於人」，「仁、義、禮、智、信」，「敬業樂群」等對於建構現代全球倫理、

社群倫理、家庭倫理、工作倫理和新的人與人之關係具有積極的意義；第三，「人與天地萬物一體」「民胞物與」等理念有助於建構新的生態環境倫理和可持續發展的戰略規劃；第四，天命、天道、神聖、敬畏感與人的終極信念，「極高明而道中庸」所透顯的聖凡關係與現代性問題密切相關。總之，中華人文精神提倡的仁、義、禮、智、信、忠、孝、誠、恕等價值，在剔除其歷史附著的負面性效應之後，完全可以提煉、轉化其合理因素，滲透到今天的社會生活中去，進而作爲價值指導，治療現代社會的病症，恢復人的尊嚴，重建人的意義世界，重建人與「天、地、人、物、我」的良性互動的關係。

「五四」以降，我們中國的知識份子，大多數是戴著「西方中心論」的眼鏡來看待自己的文明的。我們對於自己的歷史文化精神其實還相當陌生，基本上處於「拋卻自家無盡藏，沿門托缽效貧兒」的狀態。所謂「全球化」意味著什麼呢？意味著西方的，特別是美國的話語霸權進一步擴張，乃至於成爲宰制全世界的枷鎖。我們東方人、中國人不能失掉本己性，這決不是煽動民族主義，而是要在精神上站立起來，積極參與文明對話。儒家人文精神正是我們進行廣泛的文明對話的精神依據之一。健康的「全球化」，決不是以一種語言，一個地域的習慣、一種思考方式，甚至一個國家、一個階層的利益來宰制一切。各種文明，各種精神資源，各種宗教，各種語言，各種知識都可能成爲具有全球意義的成素。我們尤其要瞭解東亞地區的內在的能力，沒有必要把西方的，特別是美國的特殊的東西奉爲圭臬，奉爲必須效法的普遍的、絕對的標準。

我們有自己的人文傳統和人文精神，而且非常了不起。只是由

於近百年來中國知識份子自己的踐踏，使之闇而不彰。我想，今天中國的知識份子需要重新認識並擁抱自己的文明傳統，從而積極地回應、參與廣泛的文明交流與對話。

（本文是一演講詞，曾於二〇〇〇年上半年在武漢市數所大學演講，後經修改，提交給中華炎黃文化研究會於是年十月在北京舉辦的「經濟全球化與中華文化走向」國際學術研討會，（因故未能到會）刊載於會議論文集，香港東方紅書社，二〇〇一年五月）

第四章　世紀之交中國哲學的回顧、透視與展望

歐陽康

　　面向即將到來的二十一世紀，中國哲學將如何發展？這受到多方面因素的影響和制約。從學術的角度看，這主要地取決於我們能否對中國哲學在新世紀的發展走向做出正確的分析與預測？從總體上看，影響我國哲學跨世紀發展的因素主要有三個方面：其一，當前我國哲學研究已經取得的成就、經驗和尚存的問題；其二，中國和世界的歷史、現實和未來所提出的哲學問題和所提供的哲學資源；其三，哲學工作者的自覺意識、哲思能力和努力程度。本文嘗試從一個角度梳理二十年來中國大陸的哲學發展的思想軌迹，透視其現存問題，探析其未來走向。向識者求教。

一、二十年來我國哲學發展的思想軌迹

　　一九七八年以來，中國大陸哲學研究的最主要成就是以真理標準討論為先導，實現了哲學觀念的根本性變革，哲學研究視野的世

界性拓展，哲學研究基地的民族性發掘，哲學研究方法的時代性更新，並由此而沿著世界化、民族化和個性化的北京獲得了前所未有的發展。具體說來，主要有以下方面。

1.由根本拒斥西方哲學到自覺吸納當代世界哲學。

　　過去只有作爲批判對象才能引進的西方哲學在一九七八年改革開放後成爲中國哲學研究的顯學，並成爲促進我國哲學發展的重要動力。對日丹洛夫的哲學史定義及其片面理解的批判，使西方哲學史研究有可能按照西方哲學自身的歷史發展來梳理和揭示其內在邏輯。對當代西方哲學以至世界哲學各種流派的全面介紹和評析，給我國的哲學研究以宏大的世界哲學背景。從通史研究走向專史、斷代史、專題史；從問題研究走向人物、著作研究；從西方哲學到東方以至世界各國哲學；從零散的和分別的譯介到系統翻譯，系統詮釋，系統研究，由此，中國大陸的哲學研究有可能自覺地依託於和納入到人類哲學思維發展的當代進程。

2.由根本否定中國傳統哲學到深入發掘和弘揚中華民族優秀思想文化精華。

　　過去，歷史虛無主義盛行造成了傳統與現代的絕對對立，簡單化和絕對化的批孔反儒使我國的哲學研究失去了自己的歷史文化基地。正是在對各種西化和全盤西化思潮的批判和反思中，中國大陸哲學界開始重新認識和發掘中國傳統哲學與文化的現代意義。經過文化熱，國學熱，儒學熱，新儒學熱等躁動，到對中華文化原典精神和中國哲學原典思想資源的深入發掘及其現代闡發，中國哲學研

究從傳統與現代的絕對對立走向二者的健康互動。對傳統哲學的現代化途徑和對現代哲學的傳統根源性的雙向關注和深層探索，既使中國哲學研究的當代發展獲得了深厚的本土歷史文化之根，也使中國哲學真正有可能為世界哲學的未來發展做出自己的獨到貢獻。

3.由對馬克思主義哲學的片面理解到馬克思主義哲學的全面發展。

過去人們把馬克思主義哲學誇大到了絕對的和唯一的地步，而對馬克思主義哲學的理解又深受蘇聯模式的影響，實際上封閉了馬克思主義哲學的發展道路。真理標準討論對馬克思主義哲學在我國的當代發展既提出了要求也提供了可能。二十年來，以對馬克思主義哲學的實踐唯物主義本性的深入反思為基點，以對人和人的主體性的自覺探討為軸心，以對價值和意義的關注為動力，以研究方法的更新為突破口，中國的馬克思主義哲學研究立足於改革開放和現代化建設，在與西方哲學和中國傳統哲學的碰撞和互動中，經歷了由概念範疇辨析到命題理論重建，由分支哲學探索到對哲學新體系、新形態的整體建構，獲得了前所未有的發展。

4.由整體的混沌走向各分支哲學的探索與建構。

過去中國大陸的哲學研究單一貧乏，缺少分化。二十年來的又一突出成就是科學技術哲學、倫理學、美學、邏輯學、宗教學等分支哲學逐漸分化出來並得以建構，形成了具有相當規模的哲學學科群。對科學技術的重視引發了對科學技術與哲學和社會關係的再思考，導致了科學技術哲學在大陸的復興。哲學家們立足於新的時代

高度發掘中國傳統自然哲學，吸納西方科學哲學，詮釋現代新技術革命的哲學意義，對現代系統科學進行方法論提升，對科學技術及其社會功能和效應進行全面思考等。近年來圍繞工業技術文明反思，人與自然關係再認識、生態環境、人類中心主義、克隆現象等全球性熱點問題的討論，使科學技術哲學變得異常活躍。大陸的倫理學在二十年裏經歷了從無到有，進而到建設有中國特色的倫理學體系的發展歷程。對西方倫理思想中合理成分的自覺吸收，對中國傳統倫理思想及其現代意義的發掘和闡發，對馬克思主義倫理學的現代建構，三位一體，形成了推動當代中國倫理學發展的合力。轉型時期的複雜的社會道德現象，尤其市場經濟建設所需要的道德觀念和所引發的倫理問題，不僅給倫理學研究以極大推動，而且促使倫理學研究的分化和深化。經濟倫理學、生態倫理學、職業倫理學、醫學倫理學、家庭倫理學等為多分支學科的迅速發展，表明倫理學研究正更加自覺地走入生活，走入實踐，走入千家萬戶。當代中國大陸美學的建構以具有全民參與特點的「美學熱」為自己的社會和群眾基礎，經歷了由評介近現代西方美學和整理中國美學史到創立有中國特色的美學體系的過程。從對美的本質的追問到實踐美學的確立，從實踐美學、後實踐美學、生命美學等的論爭，到審美文化的興起等，對美的探索與追尋走入各行各業和個人生活。邏輯學在中國大陸的發展在很大程度是以直接引進當代西方邏輯學為契機的，經歷了由經典邏輯向現代非經典邏輯的發展歷程。歸納邏輯、模態邏輯、多值邏輯、次協調邏輯、科學邏輯、辯證邏輯等的興起和發展，推進了中國邏輯學的現代化進程，而邏輯學與人工智慧的結合更將展示出自己的發展前景。相比之下，宗教學在中國大陸是

一門更爲年輕的分支學科。長期以來宗教被片面地理解爲人民的精神鴉片，受到壓制和禁止。改革開放以來，隨著宗教政策的調整和宗教信仰自由的實施，宗教學也作爲一門分支學科而得以確定並到承認，對基督教、佛教、伊斯蘭教、道教等具體宗教的研究正在深化。目前，宗教學研究學者、宗教界人士和宗教管理人員三支隊伍已經開始組織起來，協同互助，這就爲作爲整體的宗教學研究奠定了更爲廣泛的基礎。

5.從元哲學問題的追問到個性化的創造。

綜觀中國大陸哲學二十年來的發展歷程，從總體上看，有以下特點：其一，以對元哲學問題的追問和反思作爲自己發展的起點。在最一般意義上，對「哲學是什麼」的追問和反思制導著全部哲學的探索。正是依據於對哲學是什麼的回答和理解，哲學家們分別地探索著各分支哲學的本質和特徵。例如，馬克思主義哲學中對科學實踐觀及其地位和意義的探討，中西哲學史研究中對「兩個對子」觀念的破除，科學技術哲學中對科學的本質及其與哲學和社會關係的探討，美學中對美的本質的追問，倫理學中對善與惡作爲倫理學中特殊矛盾的確認，在邏輯學中對矛盾律、排中律及其地位的反思，宗教學中對宗教本質的反思和宗教是否與社會主義相協調等根本問題的深度追問等，都成爲各學科發展中的關鍵性因素。其二，由翻譯和引進國外已有研究成果和發掘中國古代思想文化資源到進行相對獨立的個性化研究和創造。哲學家個體的創造性得到了初步的發揮和表現。其三，由反省和重新界定已有哲學概念、範疇命題和理論，到提升新概念範疇、命題，以至建構新的理論體系，尤其是創造

出既能與世界哲學對話又有中國特色的理論體系。

二、透視當前我國哲學研究中的若干問題

當前我國哲學研究中存在的問題很多，本文從方法論上提出幾個普遍性問題。

1.分門別類的領域分割

二十年來我國大陸哲學研究形成了馬克思主義哲學、外國哲學、中國哲學三足鼎立而與倫理學、美學、科技哲學、邏輯學、宗教學等其他分支學科相伴相隨的局面。這是可喜的但也帶來了問題，這就是分門別類的領域分割實際上妨礙著哲學研究的內部融通與綜合。目前通行的學科分類目錄實際上是國別標準、學派標準和領域標準三個方面並用設立的，其間必然存在著相互交叉情況。與分門別類的學科領域分割相關，我國的哲學工作者自覺不自覺地被分歸到各個具體的二級學科並主要在各自的學科範圍內活動而少有學科際的交流與合作，這就實際上既妨礙著各具體分支哲學的深入發展，也不利於哲學的整體發展。

2.兩極對立的思維模式

長期以來我國的哲學研究往往自覺或不自覺地在兩極對立和思維模式中展開，要麼是唯物主義的，要麼是唯心主義的；要麼是形而上學的，要麼是辯證的；要麼是西化的，要麼是國粹的；要麼重視傳統，要麼青睞現代；要麼重視理論，要麼重視實踐；要麼重視

個體，要麼重視集體；要麼關注理性，要麼關注非理性等，這就把本來相互依存的對立面推向極端，然後各執一端，加以強化，輕視對方，走向了片面。這種思維模式妨礙著對哲學問題的全面理解。近年來這種情況有了較大的改變，但還沒有能夠從根本上真正解決，常常在學術研究和討論中自覺不自覺地表現出來，有待逐步加以消除和克服。

3.脫離現實的致思走向

改革開放以來，哲學工作者好不容易從「哲學萬能論」的聖輝中解脫出來，卻又常常受到「哲學無用論」和「哲學貧困」的困撓。哲學研究與現實脫節，跟不上時代發展的步伐，尤其是跟不上處於迅速變化發展之中的中國改革開放和社會主義現代化建設，這既是社會對哲學的批評，也是哲學工作者的自省。究其原因，非常複雜。但從哲學研究工作者自身的活動方面來反省，卻不能否認哲學研究中自覺不自覺地具有一種脫離現實的致思走向。哲學思維具有高度的抽象性和思辨性，它不滿足於把握事物的外表現象和個別屬性，而要進入事物的普遍本質和運動規律，因此它在形式上具有對現實的一定超越性。但這決不意味著哲學可以脫離現實。哲學作為時代精神的精華，具有切實地立足於現實才有自由馳騁的堅實基地，只有與時代的發展保持密切的聯繫才能在內容和形式上不斷充實和更新。

4.急功近利的浮躁情緒

改革開放以來，中國人民長期壓抑的精神狀態得以解放，理論

工作者的理論探索和創作熱情得以激發，表現出極大的創造力。在總結歷史經驗，反思失敗教訓和向國外學習的過程中，情緒性的渲泄往往多於冷靜的深層思考。表現出某種急躁和浮躁，這在一開始是難免的，也是可以理解的。值得注意的是，隨著社會變革的深化，尤其是受到經濟大潮的衝擊，哲學研究逐漸邊緣化了，哲學研究和教學隊伍發生了分化。職業的哲學工作者的學術活動與其工資待遇、生活條件直接掛勾，使急功近利的傾向得以強化。不少哲學研究、寫作與出版帶有明顯的功利色彩。一些作者所追求的主要不是學術的質量和品位，而是其作品的直接功利效應。這就造成了哲學研究中大量低水平的重複，既缺乏深度分化，又缺乏高度綜合，耗費了大量的寶貴的時間、精力和財物，卻少有實質性的突破和進展。這既妨礙哲學的發展，也損害了哲學的形象和聲譽，還耽誤了不少有才華的人才。

三、跨世紀我國哲學發展的基本走向

哲學的發展不是哲學精神的自在運動，而是通過哲學家的努力來實現的。研究哲學的未來走向，可以說就是研究我國哲學工作者在世紀之交和未來應當做什麼和怎麼做。從這個意義上，筆者認為，我國的哲學研究應當貫通古今，融會中外，回到原典，致力創新，加速分化，促進綜合，強化個性，走向多元。

1.立足本土 走向世界

中國的哲學研究必須始終深深紮根於中國的悠久歷史和火熱現

實，尤其是立足於當代中國的現代化建設實踐，使中國的哲學研究具有豐富的民族內容和民族特色，這是毫無疑問的。但哲學以人與世界關係爲對象，而人與世界關係具有超地域、超民族、超國度性，因此，哲學研究還應當具有世界性、全球性、人類性。過去有人認爲，越是民族的，越是世界的。如果我們有世界上他國他民族所沒有的東西，我們就是世界水平的。其實，這裏只講了民族哲學的世界性的一個方面。中國哲學的世界性的更重要之點是在世界主流哲學問題和主要哲學論壇上發表自己的獨到見解，爭得自己的獨特地位以至主導性地位。這就要求中國的哲學家們不僅研究那些爲中華民族由於其特殊的歷史文化而所獨有的哲學問題，也要去研究那些爲人類所共有並爲各國哲學家所共同關注的哲學領域和哲學問題，並爭取在這些哲學領域和哲學問題上的發言權，佔領其制高點。要關注當代人類實踐、當代科學及其最新成果，回答其所提出的新問題，吸收其所提供的新材料，促進哲學的當代發展。要關心當代世界哲學，自覺地把中國的哲學研究納入到人類思維發展的總體進程之中。在當代世界哲壇中，一方面是古老的自然哲學、社會歷史哲學、人的哲學、宗教哲學、道德哲學等傳統分支哲學都在與當代實踐和科學的撞擊中探尋著自己的當代命運和當代意義。另一方面是實踐問題、語言問題、邏輯問題、符號問題、價值問題、意義問題、理解問題、情感問題、女權問題更加鮮明地體現出來，成爲新的生長點。在這方面，我們由於語言、文化背景和研究範式方面的差異，在研究水平上還有很大的差距。但從總體上看，只有向這一系列領域進軍並做出我們自己的創造，中國哲學才能眞正自立於世界哲壇之林。在民族性與世界性之間保持適當張力並雙向推進是我國哲學

未來發展的重要走向。

2.紮根傳統走向現代

　　哲學發展有個很重要的特點，就是要不斷地回到和回答一些原初性和根本性的問題。對這些問題的時代性解答構成了哲學發展的歷史，形成了一定的哲學傳統。任何時代的哲學都必然非常深刻地受到其前的哲學傳統的影響。傳統哲學是現代哲學之根。現代哲學是傳統哲學之樹。根有多深，樹有多高。因此，只有紮根傳統才能真正走向現代和未來。當代世界哲學有多種傳統。對中國大陸的哲學研究來說，必須予以重視的哲學傳統主要有三個方面，首先是中華民族自身的哲學傳統，包括儒、釋、道、墨等各家各派，它們是中華民族文化精華的集中和薈萃，應當受到足夠的重視。其次是西方哲學傳統，包括古希臘羅馬哲學文化傳統和希伯來文化傳統，它們演繹發展出後來的整個西方文化和哲學。不懂得西方傳統哲學，就不可能真正理解現代西方哲學。再次是馬克思主義哲學傳統。馬克思主義哲學本來是在西方哲學發展歷程中產生的，但它在中國大陸的傳播和實踐中獲得了自己的中國形式和中國內容，已經與當代中國人民的生活實踐、智慧和情感融為一體，成為當代中國文化的內在組成部分，應當成為中國哲學走向二十一世紀的重要思想資源。正是上述三個方面的哲學傳統構成了中國當代和未來哲學的歷史基石，是我們走向現代哲學的堅實歷史基地。我們尊重和繼承哲學傳統，不是僅僅為了像管家婆那樣保存和看護傳統，而是為弘揚和發展傳統，去創造現代哲學，並使傳統哲學得以提升並發揮出其現代意義。既注意傳統哲學的現代性，又注意現代哲學的傳統性，

在傳統性與現代性之間保持張力和尋求統一，是我國哲學未來發展的又一重要走向。

3、回到原典　著力創新

　　延綿不斷、豐富多彩的哲學史是由哲學家的著作和學說組成的。從學術研究的角度看，尊重哲學傳統，尊重哲學史，尊重哲學家，就是要認真研讀他們的原著，以便真實準確地把握其哲學思想。為什麼近年來不斷有人倡導回到孔子、孟子、老子、莊子，回到柏拉圖、亞里斯多德、笛卡兒，回到康德、黑格爾、費爾巴哈，回到馬克思、恩格斯等等，其真實原因和積極意義正在於此。回到原典，就是要踩準、踏實那鋪就了哲學發展史的一塊塊磚石，一級級階梯，一步一個腳印地把握每個時代的哲學家所達到的極限思想和理論，準確把握哲學發展的內在邏輯，預示其未來走向。在此基礎上去從事真正超越於前人的創造，去造就真正具有原典性的貢獻。應當明確，回到原典本身並不是目的，超越過去的原典和創造新的原典才是目的，為此必須激發哲學家的創造精神。哲學是自由理論的最高表現，批判性地審讀原典才能系統準確地詮釋原典，在系統詮釋的基礎上才能有所超越，有所創新。二十一世紀的中國哲學家不僅應當向世界奉獻中國哲學的古代原典，也應當作出自己的創造性貢獻，奉獻出新的世界級原典。

4、強化個性　走向多元

　　我們主張哲學研究要世界化，這不是要取消哲學研究的個性，而要強化其個性，並使之提升到世界級的個性水平。哲學追求普遍

的無限的東西，但哲學家對普遍性和無限性問題的真正追求及其積極成果卻必然是高度個性化的。只有真正具有個性的哲學才能對社會發生影響並在人類理性思維發展進程中留下自己的痕跡。不同哲學家之間的個性差異和不同時代的哲學家之間的時代差異，對於哲學的繁榮和進步，不僅是必然的，也是必要的。強化哲學研究的個性，從根本上說就是把求新、發展和創造確立為哲學研究中始終不渝的基本目標，不斷強化哲學工作者從事個性化研究的自覺性和實際能力。為此，一方面，要鼓勵哲學工作者努力更新知識，拓寬視野，更新思路，轉換方法，尤其是強化他們的批判意識、自主意識、學派意識、創造意識等，另一方面應在哲學學術活動中鼓勵自由思考，提倡平等探討，保護個性特色，以真正學術的方式來解決個性化的學術研究中可能出現的種種問題，造成真正有利於個性化研究的社會環境。哲學研究的個性化必然帶來哲學研究的多元化發展，造成一種生動活潑的學術局面。

5、加速分化　促進綜合

　　當代世界哲學發展的重要趨勢是在深度分化的基礎上高度綜合，形成了具有鮮明時代特色的哲學學科群。所謂深度分化，即哲學內部和哲學與非哲學之間以越來越具體的方式聯繫起來，產生出越來越多的新的分支哲學，使當代哲學表現出主題分化和個性強化的發展趨向。所謂高度綜合則是各種哲學流派之間的交織與互滲日益增強，哲學規範的通約和轉換渠道增加，哲學方法的互鑒互通增強，人類哲學思維在分化的基礎上向著整體化方向發展。當代哲學學科群的體系結構表徵著人類哲學思維在當代的廣度、深度和縝密

程度。在我國，建構哲學學科群，可以從以下幾個層面展開：其一，元哲學層面，要加強對於哲學觀、哲學形態、哲學方法論的研究，注意哲學觀念的時代性變遷及在各分支哲學中的具體延展，注意解決哲學自身發展的元問題，注意以眞正哲學的態度和方式來研究和發展哲學。其二，分支哲學間關係層面，要注意研究和理順各分支哲學間的關係，找準各分支哲學在當代哲學體系中的位置。其三，在各分支哲學內部，要注意解決歷史與現狀、理論與著作、體系與問題等內在關係，建立起既有相對穩定性又有極大開放性的分支哲學形態。其四，亞分支哲學層面，要努力在哲學與實踐、科學、文化等的相互結合和滲透關係中建立和發展各種新興的亞分支哲學系列。在深度分化的基礎上高度綜合，在高度綜合的指導下加速分化，建設一個既能與世界哲學體系有機接軌對話又有濃烈中國特色的哲學學科群，應當成爲我國跨世紀哲學發展的基本戰略。

第五章 論中國哲學中的
反語言學傾向

鄧曉芒

　　中國哲學對語言的追索可以說是一開始就自覺到了的，但也是一開始就採取了蔑視語言本身或使語言爲政治服務的態度，從未把語言當作人與世界本體之間的必經仲介，更談不上將語言本身及其邏輯當作本體和客觀規律了。本文試圖從「道」、「名」、「言」、「理」這幾個中國哲學的核心範疇，來較系統地闡明中國哲學的這一反語言學傾向及所導致的後果。

一、「道」

　　老子《道德經》開宗明義就說：「道可道，非常道；名可名，非常名。無名，天地之始；有名，萬物之母」（第一章），又說：「有物混成，先天地生，……吾不知其名，字之曰『道』，強爲之名曰『大』」（第二十五章），「繩繩不可名，復歸於無物」（第十四章），「道隱無名」（第四十一章），等等，都是說的道作爲世界本體，是

不可以一定的名詞來表述的。說它是「道」，也只是一種勉強的表達，不是「名」，只是「字」。今人許嘯天說：「『老子』書中每說及『道』字，總是沒有一定的界說，亦沒有一定的名詞。你看他說妙，說玄，說一，說樸，又說玄牝，天門，自然，混成，無極，大象，玄德，種種閃爍不定的名詞，正可以看得出他找不到一個正確的名詞的痛苦，又可以看得出這老子哲學思想的對象，實在是不可名的。」❶說老子的道是不可名的，這是不錯的；但說他感到一種無法表達的「痛苦」，這恐怕就是今人的一種猜測了，在老子那裏是看不出來的。要談感受，我倒覺得他並不感到有什麼痛苦，卻似乎反而感到某種得意，某種可以隨心所欲調遣詞語、在辭彙的大海中游泳的怡然自得；真要有人給他找出一個詞來，說你所論說的盡在其中了，他恐怕倒會無地自容了。這不是一個找不找得到確切的辭彙的問題，而是他願不願意賦予一個詞單一的確定意義的問題，也就是他願不願意承認「詞」（名）經過解釋、規定，可以獲得其固有的概念內涵，因而可以成為這一內涵（意義）在實體上的等價物和全權代表的問題。西方哲學的眾多概念就是通過這種方式形成和確定下來的。如亞裏士多德的「形式」和柏拉圖的「理念」，都是同一個希臘字（ειδος），但經過亞氏的解釋，人們今天也決不會把兩者混淆。日常語言中並沒有任何現成的哲學名詞，可以不加解釋地拿來就用，而必須從哲學思想的高度對之加工，使之定型。老子對「道」的種種解釋，其實還是大體上提供了一個相對固定的內涵（否則就根本無法理解，更不能作為哲學範疇流傳下來，被後人詮注、引用和發展

---

❶　許嘯天：《老子》，中國書店影印本，一九八五年，頁26。

了）；但他似乎是不願意講得太死、太確定，而並不是、或不只是因為對象本身之「不可名」（一切哲學概念用日常方式來「取實予名」，可說都是本質上「不可名」的，否則就不是哲學概念而是經驗事物了）才沒有給世界本體一個固定的名稱。語言是「人化自然」，名詞和命名體現了人對自然的能動的規定活動。因此，老子故意逃避語言規定正說明他對「人為」的放棄、對生存動力的取消。他企圖使人直接地溶化在自然中，與自然同一。他要求人「滌除玄覽」（第十章）成為不會說話的「嬰兒」。他教人「挫其銳，解其紛，和其光，同其塵」（第五十六章），消除一切外來干擾和內心衝動，成為一潭平靜的死水，以便能清澈地反映自然本體。但他認為這還不夠。真正的「聖人」應當「處無為之事，行不言之教」（第二章）。他自己寫了《道德經》五千言，這已經比聖人低了一個層次了，所以他幾乎通篇都在告訴人們：這裏的「言」只是權宜之計，最終是為了「不言」（「知者不言，言者不知」，第五十六章）；語言是臨時借用的工具，用完就應當扔掉，以免它夾在人和自然之間，妨礙人直接與自然同一。所以應當這樣來看待「道」：「道之出言，淡乎其無味，視之不足見，聽之不足聞，用之不可既」（第三十五章）。「道」是離開言之外（出言）的東西，或者說是「意在言外」的東西。後來《莊子》將這意思發揮為「筌者所以在魚，得魚而忘筌；蹄者所以在兔，得兔而忘蹄；言者所以在意，得意而忘言」（《莊子》〈外物〉），「辯不若默，道不可聞……道不可言，言而非也（《莊子》〈知北遊〉）。這對後世中國哲學的本體論解釋和一般哲學概念的理解起了一種可說是定向的作用。

　　至於「道」這一概念本身，儘管它也包含有「言說」、「稱道」

的意思，因而常被人與西方的「邏各斯」相提並論，但就字源上講與「邏各斯」是截然不同的。「道」的本意是道路，用作動詞，是「行走」的意思（據吳澄注「道可道」一語）；宋代范應元注《老子》曰：「道者，自然之理，萬物之所由也。博弈云：『大也，通也。』韓康伯云：『無不通也。』」道又是通達萬物的規律。正是從這種意義中，「道」引伸出了表達、說出（道說）以至於「言辭」的意思，這與古希臘從「邏各斯」即話語、言辭中引伸出「規律」恰好是兩種完全相反的思路。中國人從古到今都沒有人將作為宇宙本體的「道」從「言說」、「表達」的意義上來理解，因為後面這種意義（「道說」）只是道的本意即「道路」的衍生意義，決不會顛倒錯亂的。相反，希臘邏各斯的本義卻正是言說、表達，非由此不能理解作為本體和客觀規律的邏各斯。這樣一來，道與邏各斯即使都被說成是「規律」，但卻具有很不相同的涵義，代表兩種不同的規律。「道」這種規律本身是不可言說的，只能憑內心體驗或親身實行來感受到的，它的規律性體現在萬物生生不息的變化和人的行為方式本身之中，即「一陰一陽」的迴圈交替過程，在邏輯層次上未超出「質」的範疇；「邏各斯」作為規律則有「尺度」、「分寸」和規定性的含義，是經過畢達哥拉斯的數和量的階段而概括出來的、具有質和量兩個維度於自身的規律（比率），它是可以言說（它本身就是言說）、可以精確規定和定義並可以定量分析的、具有科學含義的規律。因此，毫不奇怪，「道」在中國哲學兩千餘年的發展中沒有產生出真正意義上的分門別類的科學，永遠是「形而上」者，「邏各斯」卻造就了西方各種各樣的——logy，即各門科學，各種實證的、定量的科學。

二、「名」與「言」

　　中國哲學中，與「邏各斯」更為接近的倒是「名」這一概念。「如果從『名』或『名言』的字源方面看，先秦所謂『名』，確實有如古希臘『邏各斯』這個字」❷。「名」在先秦各派（儒、道、法、墨、名）中都是一個極重要的討論課題。但也很明顯，任何一派都沒有賦予它本體論的或「客觀規律」的含義，因此人們不能用「名」來譯西方的「邏各斯」。道家對名、言的蔑視上面已說過了，我們再看看儒家。眾所周知，儒家「名教」肇始於孔子。孔子認為「為政必先正名」，因為「名不正則言不順，言不順則事不成，事不成則禮樂不興，禮樂不興則刑罰不中，刑罰不中則民無所措手足。故君子名之必可言也，言之必可行也」（《論語》〈子路〉）。這段話包含兩重意思：1）「名」是為了政治上的實用；2）作為政治實用的重要工具，名具有根本性的作用，一切禮樂刑罰均以它為前提、為標準。由這兩方面，法家就發展出了「刑名法術」之學，「名」就成了「法」。由於「名」在孔子和儒家這裏具有如此重要的政治意義，它就被直接等同於「禮」，即「名分」❸中國古代很多術語都有種越來越倫理化、政治化的傾向。如果說西方語言中所隱含著的是「邏輯本能」，那麼中國語言中所包含的則是「倫理本能」或「政

---

❷　汪奠基：《中國邏輯思想史》，上海人民出版社，一九七九年，頁55-56。
❸　「分」即禮，見《荀子》〈非相〉：「人道莫不有辨，辨莫大於分，分莫大於禮。」。

治本能」。

　　由此觀之，眞正與西方「邏各斯」的本義接近的還不是「名」，而是「言」。「言」沒有倫理政治含義。但正因爲如此，它也就處於比「名」更卑微的地位。如果說，「名」的重要性只是作爲政治實用工具的重要性，其目的最終還是爲了「事成」並指導「民」的行爲（措手足），那麼「言」被夾在「名」與「事」（實）或「行」之間，既沒有名的工具作用，又沒有「事」、「行」的目的性質，就只能是一種外部呈現的可疑現象。孔子說：「聽其言而觀其行」（〈公冶長〉），「君子欲訥于言而敏於行」（〈里仁〉），「君子恥其言而過其行」（〈憲問〉），並說：「天何言哉？四時行焉，百物生焉，天何言哉？」（〈陽貨〉）這方面，儒家與道家是完全一致的。正因孔子的「名」與「言」有這樣明顯的不同，所以在孔子那裏便產生了一個表面上的矛盾，即一方面，他強調社會政治生活中的「名分」要確定、分明，不得含糊混淆；另一方面，他連自己的核心範疇「仁」以及其他一系列重要概念都沒有確切的定義，而是隨不同的提問者和問題、在不同的場合加以不同的解釋。但這種矛盾只要懂得了孔子「名」與「言」的區分也就消除了。「名」是確定的，「言」則是靈活的。「不學詩，無以言」，「不學禮，無以立」（〈季氏〉），「名」是語言的外部形式、禮節和「面子」，「言」則是對「名」的解釋或「名」的具體意義；名是嚴肅刻板的，言則是意味深長的。中國古代倫理制度等級森嚴，思想文化則詩意盎然，唯邏輯的確定性被冷落窒息，於此已見其根由。以詩爲喻的語言表達方式在西方自亞里士多德以來，一般都被限制在文藝宗教範圍之內。當然也有用來講哲學的（如新柏拉圖主義、基督教神秘主義及近代以來的

浪漫主義思潮），但並不干犯邏輯的事務。然而中國古代哲學則一直將詩喻、類比和「能近取譬」視為一條最重要的證明手段。這誠然避免了如亞裏士多德那樣使語言抽象化、形式化和僵化的毛病，保持了語言本身與人生體驗的豐富關係，但同時也使語言一直停留在樸素的無定形階段，成為「氣」一般的不確定的東西，往往對一個概念名詞注者紛起，莫衷一是。不同時代、甚至同一時代不同的人對同一名詞的理解都有很大出入，往復辯難時常常陷入言辭之爭，無法交流，難以發現真正的矛盾和互相促進。這就極大地阻礙了各科人文科學的發展，那極其豐富的人生體驗也由於沒有確定的文字記載下來、傳之後人，許多都白白地流失了。

　　對於「名」與「實」的關係（在某種程度上也包括「言」與「意」的關係），中國古代各家各派在有一點上幾乎是完全一致的，這就是「名」要符合於「實」（「名副其實」），「言」要不損害「意」。主張名要符合實可以有兩種不同的表現：(1)當「實」因為某種原因（或因其大，或因其玄虛，或因其無常、易變）而不可名、或不可定名時，則寧可去名而存實，這是道家的態度；(2)當「名」「實」相錯甚至相反，出現名不副實的情況時，則必須「正名」。正名也有兩種，一是針對實而建立與之相當的名，即所謂「君君臣臣，父父子子」，這是儒家特別是孔孟的態度；二是「制名」或「定名」，然後以之作為法度去衡量實，這是荀子的態度。「名也者，所以期累實也」，「制名以指實」，「名定而實辨」（《荀子》〈正名〉）。法家則將這兩種「正名」結合起來：「修（循）名而督實，按實而定名……名生於實」（《管子》〈九守〉），「審名以定位，明分以辯類」（《韓非子》〈揚權〉）。韓非更強調名的實用意義：「用一之道，以名為首，名正物定，名

倚物徙」(同上)，亦即名的正與不正(倚)，甚至對實(物)有影響。但不論「正名」的含義如何，上述名派在名必須最終以實爲根據、爲鵠的這一點上是共同的。中國哲學中沒有任何人認爲名比實更重要、更實在、乃至於倒名爲實的(像西方柏拉圖和中世紀的唯實論那樣)，就連「以名爲首」的韓非，也主張「循名實而定是非，因參驗而審言辭」(《韓非子》〈姦劫弑臣〉)。其實這兩方面並不矛盾，以名爲首和以實爲歸是一回事：正因爲看重名的實效，才會強調名的重要性。最直接地闡明實乃名之根本的還是墨家學派。墨子主張「取實予名」，認爲「瞽不知黑白者，非以其名也，以其取也」(《墨子》〈貴義〉)；他特別強調感性的實在性(「耳目之實」)，他把這種實在性分爲三個方面，以作爲人們言談的三個標準或「三表」：一是歷代過去的經驗，他叫作「上本之于古者聖王之事」；二是當時多數人的經驗，叫作「下原察百姓耳目之實」；三是在實行過程中的實際效果，即「發以爲刑政，觀其中國家百姓人民之利」(〈非命上〉)，這就是「言必有三表」。後期墨家雖較墨子更強調邏輯辨析和論辯的作用(即「墨辯」)，但在名實、言意關係上與墨子是一致的，即「以名舉實，以辭抒意」(《墨經》〈大取〉)，「所以謂，名也；所謂，實也」(〈經上〉)。《墨經》的邏輯思想與西方(如亞裏士多德)的邏輯思想的一個根本的區別，就在於它僅僅是爲了給已知事實(或未知事實)「取」一個正確的「名」、達到「名實耦」、以便「志行」的方法，即是說，只是爲了使名與實相稱，才必須給「言」立「儀」；而正因爲名、言脫離不了經驗事實的個別性，因此它的證明、推理、歸納、演繹等一系列「辯說」方法的主要根據是類比；又正由於類比終究是不可靠的推理方式，後期墨家並未給予推理以邏輯上必然

正確無誤的信賴，「是故僻、侔、援推之辭，行而異，轉而危（詭），遠而失，流而離本，則不可不審也，不可常用也」（《小取》）。說一種邏輯「不可常用」，這種思想本身很難說有什麼邏輯精神。在墨家看來，邏輯只是實用的一種工具，而且只是一種次要的、輔助性的工具，即「辯說」，而不是有關認識規律、必然性和真理的學說，也沒有什麼普遍性。假如不用邏輯、不講「名言」也能達到實用的目的，那麼這一套東西完全都可以棄置「不用」的。與此相反，亞裏士多德雖然也傾向於認為邏輯離不開它所反映的對象，但第一，他認為正確的邏輯必然反映客觀對象❹，不能反映客觀對象的原因決不是邏輯本身「遠而失，流而離本」，而正是由於邏輯上還不嚴密、不完善，因而必須更加嚴格地制定邏輯規則、更加精確地進行邏輯推理；第二，他認為真正的客觀對象不是感性事物的現象（質料），而是它的形式或本質、規律。「如果說，按存在方式來說，邏輯的東西屬於心理的東西和言語的東西，因而在這一意義上是主觀的，那麼，亞裏士多德認為，邏輯的東西就其來源和本質而言，卻是屬於存在的，邏輯的東西作為事物的被思維的結構而屬於事物的實在結構」❺。所以（據阿赫曼諾夫描述），「雖然認識現實是從個別的東西開始的，而沒有個別的東西就不可能有認識，但是沒有一般的東西，認識也是不可能實現的；不僅如此，認識也是認識那種規定著現實的一般的東西」❻。這正是西方邏輯傳統中那種宏大的邏各

---

❹ 參見阿·謝·阿赫曼諾夫：《亞裏士多德邏輯學說》，上海譯文出版社，一九八二年，頁97-98。
❺ 同上，頁99。
❻ 同上，頁107。

斯精神，這種精神一直貫穿于黑格爾的邏輯學中：邏輯不止是一種「辯說」之辭，而且具有認識論和本體論意義；邏輯反映著世界的本體結構。至於類比推理，在亞里士多德那裏「不是證明（必然知識）的形式，而只是演講術的說服形式」❼，並不具有嚴格邏輯的、認識論的和本體論的意義，倒的確是（用墨家的話說）「不可不審，不可常用」的。

先秦在名實問題上，唯一的例外似乎是「名家」，他們離開「實」而專門研究「名辯」問題，發展出類似古希臘智者的一派詭辯學說。然而，名家對名實關係的割裂，最終仍然是爲了政治實用，達到「形名之治」。因此「古代所謂『名家』，實在就是『形名家』，亦即『刑名家』。」❽他們之所以割裂名實，只是因爲事實上「名實之相怨久矣」，所以「知其不可兩守，乃取一焉」（《管子》〈宙合〉），以便用滔滔名辯來說服人而貫徹自己的政治主張，絲毫也沒有以名當實或倒名爲實的意思，不像智者派把人的主觀當作事物存在或不存在（眞實或虛假）的「尺度」。名家最著名的代表人物是惠施和公孫龍。惠施主張「合同異」的相對主義，並提出過十條似非而是的命題。這種相對主義也體現在他的「去尊」「相王」（即讓齊、魏都相互稱王）的政治主張中，這卻不是偶然的。他生平的主要活動是任魏相達十五年之久，可見其名辯決不是要「教人以智慧」（如古希臘智者），而是一種政治談判術，具有極爲實際的目的。公孫龍則以「離堅白」的絕對主義而出名。他自謂「欲推白馬非馬之辯以正名實而

---

❼　同上，頁288-289。
❽　汪奠基：《中國邏輯思想史》，頁54。

化天下」（《公孫龍子》〈迹府〉）。在他這裏，在對待名稱或指謂（指）的態度方面有一個似是而非的矛盾，這就是一方面，他在〈指物論〉中提出「物莫非指」，一切事物都可以用名稱來指謂，「且夫指固自爲非指，奚待於物而乃爲指爲」指謂是指謂他物的而非指謂自身的，但不是指謂自身，這已經就是對自身的指謂了，何必依賴他物而獲得自身的指謂呢？所以指謂作爲名稱是可以獨立於物外而進行指的。但在同一篇文章中他又說：「天下無物，誰徑指謂？」沒有物是不能說指謂的；在〈名實論〉裏也強調：「夫名，實謂也。知此之非此也，知此之不在此也，則不謂也；知彼之非彼也，知彼之不在彼也，則不謂也」，所以要「審其名實，慎其所謂」（這與《墨經》的說法如出一轍）。其實這兩方面並不矛盾。公孫龍首先將名、指與實、物分離開來，提出指物之指與指本身之指的區別，正是爲了更準確地指稱實、物，以免混淆指和物，名和實，出現「名不副實」的情況。儘管他並沒有解決名實關係問題，而是陷入了邏輯上的悖理（如在〈白馬論〉中），但他最終注重的是實而不是名：「其正者，正其所實也；正其所實者，正其名也」（〈名實論〉），正實才是眞正的正名。不過，由於惠施、公孫龍名辯的政治效益不顯著，而且在理論上容易導致人將語言引向脫離經驗事實的方向，連與惠施最親近的友好莊子都批評名辯學派是「累瓦結繩，竄句遊心于堅白同異之間，而敝跬譽無用之言，非乎」（《莊子》〈駢拇〉），說他們「能勝人之口，不能服人之心」（〈天下〉），所以自先秦以後此派即絕。

魏晉時，大倡言意之辨。但無論是「言不盡意」一派（如王弼）還是「言盡意」一派（如歐陽建），都承認「意」是最重要的，「言」則是依附於意、爲意所用的。而其中主張「言不盡意」、「得意忘

言」一派在後來的影響遠遠大於對立的一派。特別是當涉及宇宙本體（道、理、太極等等）時，人們一般都主張從有限的言詞中去體會無限的言外之意。在宋明理學那裏，如程顥在談及「道」時說：「要在人默而識之也」（《語錄十一》）。張載的說法是：「運於無形之謂道，形而下者不足以言之」（《正蒙》〈天道〉）。朱熹言「理」亦云：「性是太極混然之體，本不可以名言，但其中含具萬理」（〈答陳器之〉），他教人不要死摳字眼，「常談之中自有妙理，死法之中自有活法」（《文集》〈戊申封事〉）。心學則吸收了禪宗頓悟❾之說，由頓悟而得「宇宙即是吾心，吾心即是宇宙」之理，更是將名言棄置一旁了。王守仁說理是「隨時而變，如何執得為須是因時制宜，難預先定一個規矩在」（《傳習錄·下》），從語言的尺度、規矩退回到無定形的「隨時而變」，正把住了中國傳統思維方式的主脈。最強調體驗而忽略語言的是剛才提到的禪宗。禪宗甚至主張「不立文字」，除了一些由旁人記下的語錄和軼事之外，他們沒有什麼談論佛理的著作，參禪的方式靠頓悟、棒喝或拳打腳踢，即使通過說話來傳道，也叫人不要執著於語言本身，而要撇開語言的本義，將它作為觸發禪機的「話頭」來理解和體會。這種直覺體驗和訴諸行動的認識方式正是自老子以來蔑視語言、崇尚原始感受的總體傾向的必然結果。

---

❾ 陸象山的「忽大省」，王守仁的「感應之幾」，羅念庵「當極靜時，恍然覺吾此心中虛無物，旁通無窮」，胡廬山「一日，心忽開悟，洞見天地萬物，皆吾心體」，均得自禪意。

三、「理」

　　中國哲學中還有一個範疇可以與西方的「邏各斯」相比，這就是「理」，兩者都含有「規律的意思。國人也常把中國的「理」與西方的「理性」（reason）等量齊觀，將「理學」稱之為「理性主義」的。但西方的「理性」起源於邏各斯即語言，而中國的「理」卻與此毫無關係。用中文的「理性」來譯西文reason（或ration）本是音譯❿，但其中既有一「理」字，說明還是兼有意譯在內的，即都是指普遍的（「理一分殊」的）規律，都與感性的欲望和衝動相對立。但除此之外，兩者又有很大差別。中文「理」字從「王」，最初指「治玉」，作名詞用時也指玉石中的紋理，引伸為條理、規律之意，這與從道路（「道」）中引伸出規律來是類似的。所以自韓非子以理來解道，理便成為一個與道相當的哲學範疇：「道者，萬物之所然也，萬理之所稽也。理者，成物之文也，道者，萬物之所以成也」，「凡理者，方圓、短長、粗靡、堅脆之分也」（〈解老〉）。到理學（道學）那裏，理進一步形而上學化了，成了宇宙之本體，最高的普遍規律性，它雖然與人的心性相通，但實際上體現為對能動的個體衝動的封閉的人格性的外來壓制和消解。心學將理融於心或性，聽起來似乎是大氣磅礡的「主觀戰鬥精神」，其實也無非是要「破心中賊」（《王文成公全書》卷四，〈與楊仕德薛尚謙書〉），將那「一念發動處」之「不善」加以「克倒」（《傳習錄（下）》），亦即「狠鬥私字一閃念」之

---

❿　這一譯法從日本傳來，中國哲學中原無「理性」一詞，只有「性理」之說。

意。可見，理學和心學對「理」的認識和體驗不可能採取從內向外的（語言）表達、並借助於表達從內向外的進取，而只能是從外向內的「克倒」、「破入」，取消個體與整體、「吾心」與「宇宙」的區別；在這裏，語言不但是無用的，而且是有害的，它不被視爲主客觀相聯繫的媒介，而被看作天人合一的障礙。所以認識「理」不是通過邏各斯或語言，而是通過向內體驗。如程顥說：「吾學雖有所授受，天理二字卻是自家體貼出來的」（《外書》十二），張載亦云：「大其心，則能體天下之物」，「身而體道，其爲人也大矣」（《正蒙》〈大心〉）。最高本體不能通過（語言）傳授，只有通過內心體驗，這是自老莊、孔孟直到王夫之都在遵循的認識途徑。王夫之雖然破除了道、理的神秘性，但還是從子思、孟子「誠者天之道也」那裏取來了一個「誠」字。「誠」最初只是天道無欺的意思，但從天人合一的立場觀之，必然視人的真實本性亦爲誠。《中庸》有「率性之謂道」一說，並提出「誠者，不勉而中，不思而得，從容中道，聖人也」，也就是說，誠作爲人的本性是不假思索地直接與道相合，所以「誠則明矣，明則誠矣」。周敦頤直謂「誠者，聖人之本」（《通書》）；李翱說：「知本無有思，動靜皆離，寂然不動者，是至誠也」（《復性書》中）；張載則推崇「誠明所知」，將其稱之爲「天德良知」（《正蒙》〈誠明〉）。王夫之雖然在本體論意義上重新把「誠」理解爲客觀實在性，如說「誠也者，實也。實有之，固有之也」（《尚書引義》卷四），但同時也包含有認識論上的含義：「『所』不在內，故心如太虛，有感而皆應；『能』不在外，故爲仁由己，反己而必誠」（《尚書引義》卷三），認識對象即「所」在人心之外，認識能力（「能」）則在人心之中，然而認識卻不必外求，只要「反己」就可

以達到「誠」。西方的理性是通過語言、邏輯（邏各斯）爲媒介而尋求眞理，中國的理則只須通過「反身而誠」、「復性」即能直接體驗到，這就是西方的理性與中國的理的根本區別。不能將西方的理性主義或唯理論的含義照搬於中國的「理」之上，「理學」決不是理性主義的，而是直觀體驗的，通常被認爲是「理性主義」的老子哲學其實也只是直覺主義的。

結　論

　　綜上所述，可以看出中國古代哲學總的來說忽視語言的仲介作用，強調體驗的直接性。語言總是在尙未來得及定形時即已被揚棄，語言與意謂（名與實、言與意）的關係從未遭受過眞正的顛倒，因而，語言的邏輯本性始終未能得到發揮和實現。體現在中國古代辯證法上，就是這種辯證法自始至終擺脫不了直觀的樸素性，不能上升到概念的思辨層次。這一缺點來自於中國古代辯證法生存動力的缺乏，也反過來進一步阻礙了生存動力的突破作用，使辯證法從一種革命的學說不斷蛻化而降爲一種中庸、復古、循環乃至倒退的哲學。張岱年先生似乎在四十年代已看出了這種傾向，他說：「中國哲學中所謂反復，與西洋哲學中所謂辯證法（Dialectic），頗有相似之點。……但西洋哲學中辯證法所謂否定之否定，爲表面上復返于初，而實則前進一級。故西洋哲學所講之辯證歷程爲無窮的演進歷程。中國哲學所謂復，則講眞實的復初，故中國哲學所講反復，實有循環的意味」❶。這的確抓住了要害。「反」與「否定」、「反復」與

---

❶　《中國哲學大綱》，中國社會科學出版社，一九八二年新版，頁108。

「否定之否定」的根本區別在於，前者不具有後者那種生存論的動力，不具有時間上的不可逆性，它在時間上可說是「各向同性」的，即它既可以是「物極必反」，也可以是在事物尚未到達極點時，由於行動者的智慧預見而事先中止「物極」的傾向，守住無為和靜篤；它不是在自我否定和積極進取之後對這一過程進行反思（reflexion），而是預先直觀到事情的結局而放棄整個過程。這是一種「聰明過度」的哲學。反之，在真正革命的、能動的辯證法中，「自否定」這一活的靈魂不能由直觀、類比的方式、而只能由概念的自身反思才能表達出來，這種反思作為否定之否定不是放棄自身的時間進程，退回到原始的直觀，而是通過間接的外向表達來綜合自身、凝聚自身，為進一步的否定自身提供內在的動力。黑格爾早已指出：「在有之變中，有為規定性作基礎，而規定性則是對他物的關係。反之，進行反思的運動則是作為自在的否定那樣的他物；這種否定只是作為自己與自己相關的否定時，才具有一個有」⓬。中國古代辯證法就停留在上述第一個階段，即「有之變」（也就是《易經》中的「易」）的階段。這種觀點若要解釋一種「變」，總要找出「有」某種特殊的「變的東西」：有「氣」，「氣」有陰、陽二氣等等；然後找出它們的相互關係（陰陽關係、「耦」等等），而不是同一個東西「本質」上的自身關係，不是同一個東西否定自身、展示自身本質從而回復到真正的自身（否定之否定）的關係。後面這種關係只有當語言被純化、被清除了一切感性雜質而成為純粹概念、成為事物的最一般本質之反映時，才有可能被提取出來。而語言的「純化」（或邏輯化、概念化）首先只有通過意謂的顛倒才能實現。也就是說，不能光是把

⓬　《邏輯學》下卷，商務印書館，一九八一年，頁14。

語言看作附屬於事物（實）身上的「名」，而且要在一定階段上「倒名爲實」，將事物看作一個「名」（概念）的表現，將「名」看作比「實」更深刻地把握了事物本質的東西、眞正的「實」。

　　總之，中國古代樸素辯證法主要研究的是世界萬物之「道」或「理」，但由於缺乏主觀能動的個體性原則，它不能激發個人自身內在的生存論衝動和自否定的不安，卻被純粹外在地當作了一種爲人處世和政治生活的實用技術，一種拿來巧妙地處理人事關係的「法寶」，甚至一種陰謀和權術。這種貌似「形而上」、實際上極其「形而下」的作風一直影響到現代中國人對「辯證法」的理解，有時竟使辯證法成爲了「變戲法」。其實這與眞正的辯證精神是毫不相干、甚至完全相違背的。

　　　（此文部分載於《中州學刊》一九九二年第二期，這裏是全文）

第六章　臺灣哲學的貧困及其再生之可能

——對於《臺灣、中國：邁向世界史》論綱「貳」、「參」的再解釋

林安梧

論文提要

　　本論文旨在經由《臺灣、中國：邁向世界史》論綱的第二節與第三節提出再解釋，點出臺灣哲學的貧困，並求其再生之可能。

　　首先，筆者指出臺灣目前處在雙重的「主奴意識」的困境下，一是「外力型的主奴意識」，另者是「內力型的主奴意識」。筆者以爲破除這雙重主奴意識背

後所含新、舊交雜的父權意識，並正視母體意識的顛
覆性，才可能真切面對臺灣哲學的貧困。

作者進而指出在世界史的氣運行程中，臺灣正走
在關鍵點上，它具有這個可能性，它將囊括東方「連
續」（Continuity）之路，與西方「斷裂（Discontinuity）
之路，它正可視爲此二者之中介點。此正如同一個橋
樑的拱心石。

再者，作者以爲臺灣哲學要克服其貧困，當在於
重視自家的文化傳統，並吸收西方文化傳統，進而養
成一文化存有論之深睿思考，更指向後資本主義化、
後現代種種之批判，而此之所以可能則是因爲這是來
自於深睿的東方文化傳統，一個對於言說懂得割捨及
揚棄而代之以非言說方式的傳統。

關鍵字詞　臺灣哲學　主奴意識　顛覆　言說　存有論　哲學治療

一、緣起及問題的點出

一九八九年四月間，因感於時勢，我寫了《臺灣、中國：邁向
世界史——對於臺灣當前意識型態的哲學反思》論綱，這論綱亦可
以視做對於友人蔣年豐先生於一九八八年二月所寫的《臺灣人與新
中國：給民進黨的一個行動哲學》的回應❶。大體說來，年豐兄的重

---

❶　蔣年豐所著《臺灣人與新中國：給民進黨的一個行動哲學》，似乎未影響

點落在政治上，而我的重點則在文化上，兩書仍有許多呼應與相輔之處。年豐兄當時還向我要了論綱的全文打字稿，與研究生們討論。後來，這篇文章發表在《鵝湖》月刊181、182、183、184期（一九九○年七月～一九九○年十月），後來，我又將第「肆」部分獨立出來，於一九九二年二月寫成了「從咒術型的因果邏輯到解咒型的因果邏輯——中國文化核心困境之轉化與創造」一文，發表於中央大學所主辦的「臺海兩岸文化思想學術研討會」❷。近幾個月來，又應《自立晚報》「哲學革命系列」之邀稿，於去年（一九九七年）十二月廿五日發表了「臺灣哲學的貧困及其再生」一文，今年二月八日再發表「關於哲學思想主體性之問題」一文。以上這些文字都環繞著「臺灣人文的貧困」而做的反省。現在，我想再藉著對於《臺灣、中國：邁向世界史》論綱的「貳」與「參」兩個題綱，對此問題，再展開個人的再詮釋。

到民進黨的行動，這亦可見民進黨亦處在臺灣哲學的貧困之中。年豐兄於一九九六年五月逝世，吾哭之慟矣！聯以誌之，曰：

「君逝乎日月無息；問乾坤何德延年。

子歸矣星辰含悲；歎天地無道可豐。」

蓋取「君子哉！年豐也」以為義也。關於年豐兄此文，徐振國教授曾有「蔣年豐儒家世界發展史觀中的臺灣使命——介紹年豐獻給民進黨的一本小冊子」，此文收入楊儒賓、林安梧編《地藏王手記——蔣年豐紀念集》一書，南華管理學院哲學研究所印行，一九九七年六月，臺灣嘉義。

❷　以上所述諸文，後來收入拙著《臺灣、中國：邁向世界史》一書，唐山出版社印行，一九九二年八月，臺北。

二、關於雙重主奴意識的問題
（〈論綱「貳」〉的再詮釋）

貳、洞察世界史的契機，摔脫雙重的主奴意識是臺灣當前的首要課題。惟有克服了主奴意識才可見其自身才得受記於上蒼（上帝）。

〔註〕：「貳」所說的「雙重主奴意識」並不是危言聳聽，現前臺灣的知識分子卻不太有此感受，而這正可說明此「雙重主奴意識」已內化深化於一般人的心靈之中，這是極堪注意之事。「臺灣」仍然處在文化殖民地、思想殖民地、及哲學殖民地的情況之下，這是不容否認的事實。

〈釋〉：關於「世界史」的契機，筆者在「論綱壹」中已有所論及，筆者之目的在於促使東亞文明，特別強調儒教文明之參與全世界文明之對話之可能。正因筆者有如此之想法，故分理出所謂的「主奴意識」，強調對於此「主奴意識」之克服，才能有真切的參與和對話。

貳、一、第一重主奴意識是歐陸及美洲的世界史中心支配所成之意識形態，籠統的說是一「外力性的主奴意識」。

貳、二、第二重主奴意識則是長久以來中國獨統說的母體嚮往所成之意識形態，籠統說是「內力性的主奴意識」。

三、關於「外力性主奴意識」之問題

貳、一一、外力性的主奴意識長久以來使得臺灣的文化心靈意識結構產生一個極爲嚴重的後果。這個後果是伴隨著社會經濟風俗等一齊展開的。

貳、一二、最爲嚴重的是我們只是做爲一個接受體，我們是一個乞食者，我們竟喪失了創造力及生產力。

　　〔註〕：「貳、一二」所謂「我們祇是作爲一個接受體，我們是一個乞食者，我們竟喪失了創造力及生產力」。這一方面與臺灣的歷史情境密切相關，另一方面則是大家對此歷史情境的理解不夠，或者說大家缺乏眞正的歷史所致。「臺灣」長久以來，一直沒有建立起自己的身分，沒有自己認同之主體，因爲它起先是政治上的化外之地，島夷海寇居之，後是荷蘭的殖民地，而後又作爲明鄭所據之一隅，終爲清之版圖，仍屬邊陲；又於甲午戰後，割讓日本，達五十一年之久；一九四五年至今則爲國民政府所在。明顯的，長期以來的歷史經驗，使得它淪落爲「亞細亞的孤兒」。但奇詭的是，這個長久以來淪爲「亞細亞的孤兒」、作爲「中國文化的棄兒」的臺灣，竟必須擔負起中國文化的責任，亦必須擔負起世界史的責任。這正如同中國歷史上的「周」，其始祖「棄」之爲棄兒，卻必須擔負起中國歷史之關鍵性的起點之任務。

　　不過，現前的臺灣仍處於一個接受體及乞食者的境域，這是任

何有識者所不願、所不忍的。這不願、不忍正是迴返主體性及同一性的動力。這樣的不願及不忍剛好吻合了世界史新的契機，因而它有了新的可能。

〈釋〉：自一九九三年杭丁頓（Samuel P. Huntington）發表〈文明的衝突？〉（The Clash of Civilization？）以來，所引發的諸多討論，在在顯示文明發展將會有全球性的變化，此與筆者對於整個世界史的發展之論點正可以相提並論。這正也預示了臺灣雖仍處在「接受體」與「乞食者」的角色，但不久的將來，必得揚棄這處境，而有一嶄新的轉向。

貳、一三、更具體的說，由於我們喪失了真正思想或哲學的創造力及生產力，於是我們並未能真正去操作所謂的概念。因為概念不只是個工具，它是一個由我們生命之反思而得的東西，這個反思是用來說明自己身分的。正因如此，許多人以為概念只是工具，如此看法顯然是將概念與我們的生命疏離了。

貳、一四、一個與概念疏離的生命是不可能進到理念的階段。它只能以一種極為粗淺而浮面的感性方式存活於乞食及接受，它不可能具有生產力及創造力。

貳、一五、只有理論而沒有生命之實感，正如同一棵無水可灌溉而枯死的樹苗。

〔註〕：「貳、一三」所強調的「概念不祇是個工具」，這樣的提法是值得注意的。概念不祇是個工具，但概念卻有作為工具身

分這個層次者。臺灣當前學界極大多數人將概念與生命疏離開來，而將之視爲工具，也因如此而引起另一個對立面——強調當該追求生命的直接感通，而此勢必得拋棄概念之言說，而代之以日常之語言。事實上，「概念工具論」及「生命直契說」是作爲對立面的兩端這樣的一對「孿生兄弟」，都可見臺灣地區哲學、思想或人文的貧困。

因爲這種貧困狀況，使得那些作爲「理念層次」的言說系統變得抽象而空洞，再加上政治性的言說系統之宰制，使得理念層次的言說系統其抽象化、空洞化益形嚴重。概念層次的言說系統原是作爲日常生活之感取系統及理念層次的言說系統之中間的溝通者及調適者，這層次一旦被工具化則使得理念層次的言說系統抽象化、空洞化，使得日常生活之感取系統變得粗俗化、俚野化。此即所謂的「教條式的空洞理念」及「現實上無明風動的感性」之一體兩面，同時具現。這種具現情形俯拾皆是，如廟會時，於神明前大演脫衣舞，正是一斑。

〈釋〉：臺灣諸多人文學者，特別是哲學學者，大體不相信自己有締造理論的能力，往往陷在洋人締造理論，臺人運用理論的殖民地思考之中。尤其無見識的將哲學以「西洋哲學」、「中國哲學」各別分離開來，甚至不將中國哲學當成哲學，直等同於中國學術史、中國思想史而已。再者，又將「哲學」與「哲學史」混淆，將「哲學史」的研究當成「哲學」的唯一方式，完全忽略了「哲學」乃是面對生活世界而開啓的深度理解、詮釋與批判。

又從「概念工具論」、「生命直契說」之一體兩面，到「教條

式的空洞理念」、「現實上的無明風動的感性」之一體兩面的闡釋，
筆者所要解釋的是臺灣當前整個心靈意識的狀態。更麻煩的是，這
樣的心靈意識狀態是糾結在全球之資本主義化的歷程中而展開的，
它與現代化及後現代充滿了難以分理的困結。全球的非人化似乎是
一個難以挽回的走勢！

貳、一六、沒有進到理念的境地，那種生命的現實仍然只是無明風
　　動的感性。這時所謂的哲學應是一種懷疑與虛無，臺灣的哲學
　　界似乎能免於這種懷疑與虛無；但是因爲他們被一種學院的圍
　　牆包裹著，學院的圍牆包裹著黨派的利益。在黨派的利益下，
　　大家啃噬著知識的死屍，卻津津有味的宣稱著它的芳香，一個
　　連芳香與死屍都能關連起來的哲學，那是比懷疑及虛無還惡劣
　　的哲學。

　　因爲懷疑及虛無雖無生產力卻有流產力，而這正是邁向重新懷
孕的可能。至於我現在所說的這種，那是胎死腹中，可憐！或者根
本是不孕症。在外力性的強暴摧殘之下，它變成不孕的婦人。竟然
它宣稱懷孕是上帝對人的責罰，唯有不孕才能不停的的作愛。值得
注意的是，一個被強暴多次的純潔少女是可能變成不自覺之淫婦
的，這是一件極爲悲哀的事情，思之慟心！

　　〔註〕：「貳、一六」所言或嫌過激，但卻屬實情。事實上，
臺灣當前的哲學研究，要不停留在「文獻」的耙梳上，便是簡介，
而且極大部分是趕西方的時髦，衹是作爲整個世界體系的邊陲之應
聲蟲而已，甚至連應聲蟲的角色都扮演不起。大體說來，人文、思
想、及哲學的研究約有三個層次，一是「收屍者」，二是「收養者」，

三是「生育者」。「收屍者」是將之視爲死的研究對象，加以整治、清洗、粉飾一番，而後置入一棺材之中，然後領取收屍及整治的費用。「收養者」則比「收屍者」高明的多，他雖無懷孕、生產的可能，但卻具有養育的能力，因而可以認養別人所生產的小孩。問題是收養的工作極爲艱辛，不易完成。無堅強之忍受能力，勢必棄養，由於棄養，徒增更多未成年的死屍。這即便是所謂的「知識的嬰靈現象」。再說之所以棄養還有一個更重要的原因，那是因爲臺灣的學界之中，有些人雖能免於「收屍者」而進於「收養者」，但他將其所收養的視之爲「小寵物」，過了一段時間小寵物便夭折了，這時祇好收養新的「小寵物」。在臺灣，思想的生育者極少，縱或有之，亦被學術界視爲異端。

在一個長久沒有人懷孕及生育的國度裏，一旦有人懷孕應是可喜可賀，但卻易遭來白眼，甚至被視爲怪物；因爲思想之不孕一旦成爲學院的共識，並經由此共識而建立起一套宰制性的規範，任何有懷孕跡象皆可能被強迫作「思想墮胎」，於是在這樣的「人工流產」下，製造了更多「早產的死屍」。

事實上，思想的生育者、收養者、及收屍者這三個階層都極爲重要，但問題是所謂的「收屍者」要界定在於清理、釐清這個工作上，而「收養者」要界定在於思想的傳宗接代上，至於「生育者」之界定在爲了思想的返本開新，勇猛突進上。在一個沒有生育者或生育者太少的思想國度裏，必然會產生主體性及同一性危機的；而長期以來，習於收養者之角色，勢必喪失了「生育之能力」；長期以來習於收屍者的工作，勢必誤以爲死屍之芳香，而且誤以爲死屍是活物。

臺灣的思想界之無懷孕及生產之可能乃肇因於外力性的強暴摧殘所致，但這又是不可避免的。不過歷史的契機似乎已將之帶到一新的轉捩點，只望那轉捩點的到臨。

「方法上的懷疑」及「本體上的虛無」乃是揚棄既往以來「黨派利益」圍牆的強大動力，它的根本動源則來自於少數的秀異分子及廣大的民間社會所支持的力量。這可能是一漸進的思想體制內改革，是由「黨派利益」蛻落下來，而突顯一「黨派性」，由於黨派性而有真實的鬥爭與辯證。儘管由此蛻落下來而突顯的黨派性仍祇是消極性的，其展開的鬥爭與辯證否定性的居多，肯定性居少。但這種「否定性的辯證」卻足以激濁揚清，而使得哲學的概念性反思活轉過來。

〈釋〉：「方法上的懷疑」與「本體上的虛無」是一體之兩面，經由方法上「徹底的懷疑」，目的在於達到「本體上的虛無」。這裏，筆者有意的想避免任何帶有基礎主義式的批判，而意圖提出一種非基礎論式的批判，這樣的批判是徹底的解構，而回到事物之自身的。值得注意的是，所謂事物自身並不是果真有一事物自身這樣的獨立存在，而是回到一「境識俱泯」、一「存有的根源——X」這樣的本源。吾人即於此「境識俱泯」、「存有的根源——X」而說其為「本體的虛無」❸。

---

❸ 關於此存有之三態，乃是從熊十力體用哲學中開發闡釋得來的，請參見林安梧《存有、意識與實踐——熊十力體用哲學之詮釋與重建》一書，〈第五章存有的根源的開顯〉〈第二節論存有的三態：(1)「存有的根源——X」(2)無執著性、未對象化的存有(3)執著性、對象化的存有〉，頁108-115，東大圖書公司印行，一九九三年，臺北。

　　換言之，我們要讓哲學的概念性反思活轉過來，並不是找尋一抽象而形式化的先驗主體，也不是往上做一理論的推溯，得出一恆定的理論基礎，而是回到生活世界的本源而開啓的。筆者以爲這是符合於《易經傳》中「見乃謂之象」傳統的，是符合於華夏之「象在形先」的傳統❹。

四、關於「內力性主奴意識」之問題

貳、二一、「內力性的主奴意識」是由中國傳統的父權意識之高壓與崇高，暨母體嚮往之溫婉與潤澤，錯雜交結而成的，前者爲陽，後者爲陰；這一陰一陽造就了臺灣地區那種內力性的主奴意識。

貳、二二、父權意識，家長制的高壓與壟斷及其所伴隨之道德崇高，造就了一個「擬上帝的宰制型倫理」，它深入到每一個人的生命之中，成爲迫壓他人及被迫壓的奇怪組合。這樣的心靈意識結構一直在「主奴意識」的格局中擺盪。

貳、二三、這個表現就其具體的來說，它表現在所謂的文化道統。文化道統，父權意識家長制的高壓壟斷雖然有別，但卻一直伴隨而生，如影隨形，它形成一股軌約性的力量，是理性之抽象的表現。

---

❹　關於此，我已於《道與言》一文中有所說，請參見《揭諦》發刊詞，南華管理學院哲學研究所發行，一九九七年六月，臺灣嘉義。

〈釋〉：大體說來，「擬上帝的宰制型倫理」此與「道的誤置」（misplaced Tao）密切相關，它大體是將「血緣性的自然連結」、「人格性的道德連結」、「宰制性的連結」三者合而為一（即「君」、「父」、「聖」三者合而為一），並且是以最後一者作為一切管控的核心而造成的❺。再者，就「貳、二三」分明可見的是，理性的表現與權力有密切的關聯，而權力則不離歷史社會總體，不離生活世界，臺灣之落入內力性的主奴意識與其歷史文化傳統息息相關，不可忽視。

貳、二四、一個理性之抽象表現這樣的軌約性力量所成之文化道統，它是會要求落實的。它要求落實而事實上卻又不能落實，則它便逐漸形成一個空的殼子，喪失了靈魂，它一直沒有辦法成為一理性之具體的表現。

貳、二五、這時文化道統的骨架不但無益，反而形成進步的障礙。正因如此，大家急得去鏟除它；但這樣的鏟除是連其重生的可能性也不計了。它勢必面臨更嚴重的代價。

〈釋〉：「貳、二四」所說的「空的殼子」或許我們可以礦物學上所謂的「偽形」（Psuedomorphosis）概念來理解，它指的是在岩層中，本已崁入的礦物結晶體，當裂縫出現時，水流了進來，而結晶體逐漸洗去，而只剩下一空殼。之後，又有火山爆發，融岩又流了進來，但這些融岩沒法自由地在此結晶，而必須將就原有的空

---

❺　此吾已疏釋於《儒學與中國社會傳統的哲學考察》一書之中，請參見該書〈第八章、論「道的錯置」——論血緣性縱貫軸之基本限制〉，頁131-156，幼獅圖書公司印行，一九九六年四月，臺北。

殼，故而出現了扭曲的形態。再者，中國文化道統之做爲一「理性的抽象表現」，而不能成爲一「理性之具體的表現」，這與國民黨之專擅統治，將文化道統與黨國意識型態通而爲一有密切關係。這一方面使得黨國意識型態封鎖了文化道統的力量，另方面亦因之而封閉了斯土斯民的本土文化上昇到道統的可能；這就使得臺灣本土文化與中國文化道統斷裂開來，兩者不能互相調濟和合落實，終落爲政治化、權勢化所宰控之地，甚是可悲！

貳、二六、文化道統之衰頹與死亡，則父權意識之家長制便維繫不住了，軌約性的原則破壞了，連抽象的理性都瓦解了，人退回了感性之階段，而此感性仍是抽象的感性，一切在沒有定準之中，這便是所謂的解構。

貳、二七、臺灣當前的「解構」，雖可以含有未來的生機與嚮往，但卻是極爲渺茫而難堪的，是令人憂心的，但這又是無可避免的。

〈釋〉：在中國文化道統下的理性抽象表現，隨著政治局勢及社會趨向的變化，它全然瓦解了！彼之所以會全然瓦解，是因爲在國民黨原先的文化政策下，它是統屬於黨國意識型態的，它並沒有一調適融通的能力，它老早異化成一工具性之物，因此，當權力變化了，這做爲權勢的附屬之物，也就隨之而變了。所不同的是，伴隨著威權體制的瓦解，理性的原則亦因之而瓦解了，回到一沒有定準的感性之中。臺灣這些年來所表現出來的，正是這種虛無情調下的衝決網羅之精神，臺灣流行歌謠所言「啥米瓏不驚」（什麼都不

怕！），正是這種「解構」的反應。這樣的解構是充滿虛無主義情調的！

貳、二八、對於母體之溫婉與潤澤之嚮往最明顯的表現是土地意識，土地是母體的象徵；土地是孕育主體意識之母，而文化是孕育主體意識之父。

貳、二九、文化道統這主體意識之父一旦漸形解構與瓦解，則主體意識其理性之軌約性原則亦定然瓦解無存，此時唯剩下一土地意識這樣的母體，而且這母體又不是具體而落實的母體，而是一漂洋過海，位乎彼岸的母體，這樣的母體乃是一抽象而掛空的母體。

貳、二十、儘管它是抽象而掛空的母體，但它仍然散發著一股迷人的魅力（雖然這股魅力是若有若無的），彼之所以這樣有魅力，乃因為任何一個族群都有這個需求，居住臺灣這塊土地上的族群，長久以來就忽視了自己所居所處這塊母土，這便使得臺灣長久以來陷入一母體之實體化所蘊含的主體意識的困結之中。

〈釋〉：這段闡釋主要在呈現臺灣人文的特質是「陰陽不調、乾坤不交」的狀態，這樣的狀態使得「理性的軌約性原則」與「情性的生長性原則」無法恰當的關聯起來，因此臺灣在黨國意識型態瓦解後，才會陷入盲爽發狂的狀態之中，這是乾坤不交、陰陽不調的後果，所謂的「母體之實體化」亦必須置於此中來理解方可。現今的民進黨，作為國民黨的對立面，且與國民黨形成一不可分的整體，她正是此「母體之實體化」的表現，此與「父體之形式化」正

形成一體之兩面。

貳、二十一、主奴意識是由潛隱而逐漸表現以成的，這個過程正與
　　　　　國民政府之逐漸喪失對於中國大陸之主導權而浮升上來，起先
　　　　　是對於大陸之主導權由實質的狀態，退返回抽象的狀態，最後
　　　　　其所堅持的東西也逐漸瓦解了。

貳、二十二、在這種瓦解狀態之下，便有所謂的極端的臺灣本土意
　　　　　識之崛起。這個崛起代表另一個感性的母體意識的召喚，這個
　　　　　召喚一方面更徹底的摧毀了原先那種抽象的理性所成的軌約性
　　　　　原則。

　　〈釋〉：吾以爲統獨意識之問題，不只是一政治問題，更且是
一深層的文化問題、心靈意識問題。這問題伴隨著臺灣哲學的貧困，
同時因臺灣哲學的貧困，使得這問題一直被誤認爲只是政治的層
次，未得深切的疏理。其實，在國民黨的威權體制下，尤其一九四
七年二二八事件更使得原先日據時代的「臺灣──中國連續體」，
轉而爲「臺灣──中國斷裂體」。臺灣──中國的斷裂與連續問題，
自此之後，成爲一難解的困結；但卻也是一嶄新的發展契機。

貳、二十三、面對這種感性的母體意識，亟待一具有新的軌約性的
　　　　　理性原則之父性意識的來臨，但這裏的父性意識不是原先家長
　　　　　制的宰制性意識，而是一種哲學的反思所成的自主自宰之意
　　　　　識，這指向一新的文化之建立。

貳、二十四、新文化的建立並不意味著不要中國文化，而是要吸收

各種文化（當然中國文化是一最爲重要的資源）而締造之。

〈釋〉：如此所論，是說本土所煥發出來的是一感性的母體意識，它之所近似一「材質性原則」，目前極待一新的「形式性原則」，此即是所謂的「軌約性的理性原則下的父性意識」，這已不停留在原先的家長制下的「父權」下來思考。這是以其自身之自爲主體來思考，而邁向一新的統體之構造。這也就是解消「單元而統一」的格局，重新回到一「多元而一統」的構造的重要契機❻。

貳、二十五、凡是拒斥中國文化，以爲中國文化便是大陸之母體者，這是因爲彼等仍停留在抽象的感性階段，無法了解文化之爲文化蓋有其具體之普遍故也。持如此之態度者，頂多只能是歷史階段之工具，而不能建立其主體的身分來參與歷史。

〈釋〉：在父權對於母體的宰控下，伴隨著局勢的變化，感性的母體意識高張，而瓦解了原先的父權意識，但做爲對立面的統體之一端，它的顚覆即隱含著原先的意識型態，甚至在沒有反思的情況下，會變本加厲，使得臺灣陷入一新的父權意識，這是在感性的母體意識的顚覆性下所開啓的。再伴隨著資本主義化的腳步，在次資本主義圈子下，更使得這問題糾結難理。拒斥中國文化的態度及

---

❻ 關於「單元而統一」與「多元而一統」的問題，請參見拙著〈從「單元而統一」到「多元而一統」——以「文化中國」一概念爲核心的理解與詮釋〉，一文，該文發表於『「文化中國」的理念與實際國際研討會』，香港中文大學人類學系，一九九三年三月，香港。刊於《鵝湖月刊》第十九卷第一期，頁16-23，一九九四年七月。後收入陳其南、周英雄主編《文化中國：理念與實踐》一書，頁51-64，允晨叢刊，一九九四年八月，臺北。

行動應置放在這樣的精神史脈絡下來理解，它是目前臺灣哲學貧困的原因，也是結果。

五、關於主体意識的誕生
（〈論綱「參」〉的再詮釋）

參、做爲一個主體之身分的臺灣，必然的要在世界史的舞臺誕生，這是從兩重主奴意識掙脫出來的唯一生路。

參、一、臺灣之做爲主體的身分之「主體」與以往中國大陸之做爲主體的身分之「主體」，其構成是不一樣的。

參、一一、後者是大陸型之主體，此是以其質料之雄厚而提供其自做主體；此不同於後者之爲海洋型。

參、一二、海洋型之主體，此是以其形式之定立而自做主體；所謂形式之定立並不是直接可以定的，不是一種靜態的玄想，而是動態的辯證，一種開放的心靈而來的動態之辯証。

〔註〕：如「參、一」這樣的說法並不意味與中國文化採取一斷裂開來的態度，相反的，他所強調的正是整個中國文化與臺灣的連續性。換言之，臺灣亦是中國文化氛圍下的一部分，但是，他有一個嶄新的發展可能，這發展的可能亦是以中國文化爲其廣大的背景而發展出來的。海洋型的中國文化與以往大陸型的中國文化是不相同的，這不同不是一質上的不同而是一類型上的不同。臺灣若能

爲整個中國文化開出一新的類型，這是一件可喜可賀的大事，這將是中國文化「大器晚成」的一個新的向度。

　　如此說來，所謂的「掙脫出兩重的主奴意識」，這指的是一種心態的克服，由之而樹立起自己的主體，不是一味的要去以一種孤離開來的方式來處理自己。事實上，臺灣與中國大陸未來的命運息息相關，整個中國的命運與亞洲息息相關，而亞洲未來的命運又與世界息息相關。臺灣之邁向世界史是由中國而邁向的、是由整個亞洲而邁向的。換言之，這是經由內相關的整體（與大陸中國連成一體），再經由外相關的整體（整個世界），而進入到世界的舞臺之上。唯有這樣的規模才能使得臺灣取得眞正的主體性，也才能使得中國的主體性不再只停留在以往的大陸型的方式，而有邁向一海洋型的可能。

　　〈釋〉：臺灣就在整個太平洋西岸的島弧地帶的一個非常重要的中站，它是華人大陸文明伸向海洋的一個非常重要的一個凸出點。而這個凸出點它擁有著兩千萬的人民，有早先四百年前的漢人，以及原來這裏的原住民所一直保存下來的，還有從一九四五、一九四九年之後再加進來的幾百萬的整個中國大陸內地的華人，種種多樣性、豐富性而構成了兩千萬人的這樣的族群。如此所形成的一個很重要的這個中站，它是繼續有原先華夏文明的儒、道、佛三教的傳統，以及在這幾百年接受到整個歐洲，乃至東洋……乃至種種其他的衝擊，特別最近這五十年來，已經可以說跟整個西方的世界有更多的互動，而開啓了一個新的現代化社會。當然，這個現代化的社會跟整個西方那種非常成熟的現代化社會是不能完全相提並論的，其類型也不太一樣。因爲它背後所隱含的歷史文化傳統的積殿

和視域不一樣，所以類型就不太一樣。而這背後所隱含的儒、道、佛有非常豐富的調節性力量、和諧性的原理❼，而它既是自我安頓的一股力量，也可以成爲進入到整個國際論述而促使國際安定的力量，以及被運用來安定人類文明發展的一股理想力量。

參、二、這樣的開放心靈之動態辯証是拿文化做爲材料，以實用做爲融鑄的動力，以建造一「主體之同一」爲目標，而以哲學之深刻的反思爲方法。籠統的説是「虛懷若谷」。

參、二一、「虛懷若谷」不是一個口號，它所顯示的是道家的精神，這顯示一種有容乃大的心胸，這是通過一個作用上的無之工夫來養成一個文化存有論之基礎，並通過這個方式造成所謂的社會與國家。

參、二二、除了做爲文化存有論之基礎的養成以外，它更指向對於後現代之種種弊病的批判，而此之所以可能則是因爲這是來自於深睿的東方文化傳統，一個對於言説懂得割捨及楊棄而代之以非言説方式的傳統。

　〔註〕：顯然的，筆者是想經由一哲學的反思方式，來締構一新的主體的。筆者強調道家這裏可以提供我們許多非常重要的資

---

❼　關於東方的：萬有在道論、和平、仁愛、情氣、感通、無執著性、互爲主體化、調節、和諧、根源、整體……等觀念的相互關連，參見筆者《儒學與中國傳統社會之哲學省察》〈第六章、血緣性縱貫軸下「宗法國家」的宗教與理性〉，第五節，頁90-91，幼獅圖書公司印行，一九九六年，臺北。

源，這即是牟宗三先生所常言及的「作用的保存」❽。牟先生所說
的作用的保存是內存於道家的理論系統而說的，筆者這裏則通過文
化哲學的反思來締構的一個方法論。道家式的「無」的功夫雖有解
構的能力，但卻不同於近些年來，西方新興的解構的思想，因道家
的解構是一連續觀下的解構，此不同於西方之爲一斷裂觀下的解
構。正因如此，這樣的解構，不會造成文化的衰頹，亦不會造成社
會的解體，它卻會造成整個心靈意識結構的再生，及社會結構、政
治結構的重建。

〈釋〉：或者，我們可以說在東方的「非言說方式」或者「超
乎言說的方式」是一「氣的感通」方式，這可以用「我與你」（I and
Thou）的範式來理解。相對於此，若是一「言說的方式」，則是一
指向對象化的活動，可以「我與它」（I and it）這樣的範式來理解❾。
此兩個範式，「我與你」是更爲優先的，現代化可以說是在「我與
它」的範式下成就的，卻也因之而帶來許多嚴重的問題，這些問題
必得回到「我與你」這範式來處理。

參、二三、關連著這個作用上的無之工夫而來的「實用」來說，就
　　　　不是一般所謂的技術之用。實用者，以實爲用，以用爲實者也。
　　　　此是對於那莫須有的超絕之體的徹底解消。

---

❽　牟先生此「作用的保存」一語，請參見牟宗三著《中國哲學十九講》第五
　　講〈道家玄理的性格〉及第七講〈道之「作用的表象」〉，臺灣學生書局
　　印行，一九八三年十月，臺北。
❾　關於此「我與您」、「我與它」的對比分析，其靈感取自Martin Buber之說，
　　請參見《I and Thou》，Second Edition，New York，1958。

參、二三一、這樣的解消一方面擺脫了長久以來文化傳統積澱所成的渣滓及統治者宰制以成的教條，還有亦能徹底的對於從五四以來那種挾洋自重淺薄的科技主義（一稱科學主義）有一個徹底的解構作用。

參、二三二、換言之，以實爲用，以用爲實的實用不只是感性層次的技術之用，它更是做爲概念層次的反思與省察它具有解構及重建的功能。

參、二四、通過其概念層次的解構與重建，終而締造一個「主體的同一」，這「主體的同一」不是已然成形的，而是在締造中的。

參、二四一、因爲我們不能依據自己的質料來穩定我們自己，我們必須努力的去擺脫大陸型的思維方式，而代之以海洋型的思維方式，我們要去締造自己的思維方式；然而形式的締造不是先驗的賦予，也不是經驗的攝取，而是哲學的深刻反思。

參、二四二、哲學的反思指的是從當前的現象之深層的探索，去反照提撕出一個形式的可能，並以此再做爲探索之暫時依據，如此反覆不已，才能凸現出所謂的明朗的形式。

〔註〕：由前所謂「作用的保存」關連而來的實用就不是一般所謂的「實用主義」的實用，這是通過「用」而去顯示出那個「實」，是「即用而顯實」。因其爲即用而顯之實，故此所謂的「實」，一方面是具有現實意義的「實」，另一方面是由是而調適上遂於道的『實』的意思。因爲是如此之「實」，故一方面能對那莫須有的超

絕之體有一徹底的解消，而另一方面，又能重新樹立一新的實用之
體；此實用之體既是落實於經驗之中的，又是超離於經驗之上的。
若借用熊十力先生的體用論的觀點來說，它正是眾漚與大海水的關
係，眾漚即是大海水，它們是相即不二的，眾漚是大海水的顯現，
而正因爲眾漚的顯現，故呈現爲大海水，即體而言，體在用；即用
而言，用在體，體用相即不二也❿。

〈釋〉：科學主義者強調有限的科學原則可以被廣泛的應用，
並成爲一整個文化的基本預設及不證自明的公理，它把所有的實在
都排放在一個自然秩序之內，而且認爲只有科學方法才能理解這一
秩序的所有方面，無論是生物的、社會的、物理的或心理的⓫。國民
黨更而將其黨國意識型態（三民主義）與此結合，因而使得原先的「科
學主義」成了「主義科學」下的「科學主義」。在這心態下，蔣介
石所說的〈大學之道〉或者「道統哲學」便是文化的基本預設，是
不證自明的公理，它足以將所有的實在都安排在一個自然的秩序之
內，更利害的是，這樣的一套哲學是超出一切之上，而成爲科學之
源的。值得注意的是，「科學主義」下的「科學」，總還要說出個
「什麼是科學？」來，它只是將某種素樸的自然科學方法，擴大化
廣泛的使用，以爲其爲萬能，有所錯置而已。然而，「主義科學」

---

❿　關於熊十力體用哲學，請參見同❸前揭書。

⓫　關於此，請參看D.W.Y.鄘〈科學主義在中國，一九○○～一九五○〉，轉
　　引自林毓生著〈民初「科學主義」的興起與涵義──對民國十二年「科學
　　與玄學論爭」的省察〉，收入《政治秩序與多元社會》，頁280，聯經出版
　　事業公司，一九八九年，臺北。

下的「科學」，則以「信仰」主義的方式，將我所信仰的東西就叫做「科學」，當然「主義」就是「科學」的，像《科學的學庸》這樣的著作正標示著黨國主義下的科學觀、傳統文化觀。其實，經由黨政軍權力集於一身的蔣介石宣稱「科學就是什麼？」這樣的「主義科學觀」比起「科學主義」對於中國近現代以來的科學發展危害更大。這危害在人文科學及社會科學上可以說是無與倫比，而看起來與它聯成一體，也被說成科學的《學庸》以及其他的經典，一並構成了「黨國儒學」，在這黨國儒學的含概下，儒學所受的危害可以說是致命性的。在黨國體制強盛之日，以其黨國而說的「主義科學」這樣情況下的「科學」是偽科學，不過儘管是偽科學，它還是可以憑著黨國之力，而有其力；黨國儒學之有力量當亦在此脈絡下來理解。當然，在這樣的奴役下，黨國是「主」，儒學是「僕」，儒學幫忙妝扮「天子皇上」成為賽過堯舜的「聖賢」，儒學已不再是儒學，它幾乎成了一被掏空的靈魂存在。一旦黨國體制瓦解，這被掏空靈魂的儒學，以其孱弱之軀，還要帶著原先的黨國氣息接受來自各方的批判，這危機絕不下於民國初年以來所遭逢的意義危機。

　　不過，話說回來，當「黨國儒學」瓦解了，儒學也不必再背著「黨國」的包袱，可以清楚的釐清其分際，讓儒學在原先的文化土壤中，有其甦醒更新的可能。更重要的是，原先從傳統的「帝皇專制」到近現代以來的「黨國威權」下，所造成的「倫理中心主義」，亦將隨著這一波的瓦解，而讓我們有機會重新去理解這「倫理中心主義」所含帶的是些什麼樣的成分，它與「專制」、「咒術」乃至儒學所強調的「良知」有何關係，這將是值得我們更進一步去瞭解與注意的。

　　〈釋〉：顯然地，筆者有意的想擺脫「本質主義」式的思考方式，而代之以一較接近於唯名論、約定論的思考方式，或者說，筆者有意經由「體用哲學」的方式來重新楷定原先《易經》所說「殊途而同歸，百慮而一致」的「理一分殊」式的思維，這樣的思維並不是由「共相的昇進」而達致的，而是由「主體的交融」而促成的。所謂「主體的交融」是以一「活生生的實存而有」進到生活世界、歷史社會總體之際，而開啓的詮釋與創造。

參、二五、哲學的反思之敵，乃是一種感性的放下之虛無的消融，這消融常含帶著中國哲學傳統中的儒道佛色彩，但只是色彩。這些色彩卻充滿著感性的綺麗，或者情懷的慰藉它使得人們遠離反思之路，而只是放下，這使得文化品味走向一種鄉愿的詭譎，可悲！

參、二五一、鄉愿的詭譎性，通過了一種語言的銷融辯證來自圓其說，在血緣上這接得上那種文士禪或口頭禪的僞似性的頓悟傳統，此不細論。

　　〈釋〉：這樣的哲學反思之敵與其背後的專制、咒術、良知等傳統的糾結有密切的關聯，一切以宰制性的政治聯結爲核心，並結合了現代的黨國意識型態，加上科學主義，及西方資本主義中心的思考，長久以來道德實踐的異化，主體對象化活動的匱乏，使得物質性被忽視，而以一種僞似的心性修養，再一變而爲境界型態的追求，再異變成虛僞的精神勝利法下的阿Q精神。

　　筆者以爲這種虛幻的神聖性之革除，最重要的在於面對「物質

性」，並且培養一種物質性的面對方式。首先，須學習的是主體的對象化活動，其次要學習的是對於此主體的對象化活動所成之對象，做一對象化之把握，此對象化之把握又是一主體的把握。這不只是思維之事，不只是理論之事，而更是實踐之事。

「物質性」（Materiality）的面對強調的是不能停留在一道德理想主義的光環中，不能只強調形而上理由的追溯，而忽略了歷史發生原因的考察；或者以此形而上理由的追溯取代發生原因的考察，進而以形而上理由的追溯所成之理論根據做為實踐的起點，再因之而強調主體能動性的重要，意圖將此理論的根據倒裝下返，取得實踐的完成。

主體的對象化之開啓是要如其對象而正視其為一物質性的存在，是要如其實在而正視其為一對象性的存在，而這都是由「主客不二」，進而「主客對立」，並「以主攝客」這樣的歷程而開啓的。在這裏，我們格外強調它不只是思維之事，不只是理論之事，而更是實踐之事，這指的即是前所謂「物質性」的把握，正因是物質性的把握，我們才真切的進入到實踐的領域，不致落入一空洞的、境界型態式的幻想之中。

前面所述及的對於物質性的把握，此當以感性的直觀做為第一序，而緊接著以抽象的理論思維為第二序，因為這樣才能真切的達到主體的對象化的活動，才能完成物質性的把握，才能建立起對於生活世界及歷史社會總體的真切知識。

顯然地，在這裏我們極為強調的既要有感性的直觀，亦復要有抽象的理論思維，由感性的直觀上提而至抽象的理論思維，這是一個不可已的歷程；同樣的由此抽象的理論思維下返到感性的直觀，

並進入到生活世界之中，兩兩相交，這是永不停歇的歷程⓬。

六、邁向世界史：「連續性」與「斷裂性」的對比

參、三、臺灣當前之哲學的反思當走的是古希臘的蘇格拉底之路，而不是一味的執守孔子之路。

參、三一、孔子之路的哲學反思是形式不變，而去透顯此不變之形式背後的實質，此是大陸型之哲學反思。

蘇格拉底的哲學反思是從實質的諸多變動之中而去透顯一不變的形式，此是海洋型的哲學反思。

參、三二、孔子的對答是一種銷融，是一種生活，通過銷融而有生機揚溢的生活世界。蘇格拉底的對答是一種克服，是一種昇進，通過克服而有一個超越的昇進，而建立主體。

參、三三、當我們說是蘇格拉底的對答克服之路，而不是孔子的對答銷融之路，這並不意味要拋棄孔子，而是說孔子的傳統早已存於東方傳統，現在唯有通過蘇格拉底式的強調才能達到克服，而克服正指向孔子傳統的嶄新發揚，唯如此才可能締造一

⓬　請參見林安梧〈牟宗三先生之後：咒術、專制、良知與解咒——對「臺灣當代新儒學」的批判與前瞻〉，第九節、第十節，《鵝湖學刊》，第廿三卷第四期，頁8，鵝湖雜誌社印行，一九九七年十月，臺北。

嶄新的主體。

參、三四、換言之，在世界史的氣運行程中，臺灣正走在關鍵點上，它具有這個可能性，它將囊括東方「連續」（Continuity）之路，與西方「斷裂」（Discontinuity）之路，它正可視爲此二者之中介點。此正如同一個橋樑的拱心石。

參、三四一、拱心石不是沒有主體，而是在整個脈絡中而突顯之，它是以整個橋的輻度作爲主體，此正如同臺灣當以世界的輻度（即東西方的輻度）作爲主體，如此之主體亦即是以用爲實，以實爲用的主體。

〔註〕：筆者這裏特地捻出孔子與蘇格拉底來作爲對比，前者代表的是東方「連續」的傳統，而後者代表的是西方「斷裂」的傳統❸。前者是經由一對象的主體化活動而來的生活與銷融，後者則是經由一主體的對象化活動而來的克服與昇進。前者所成就的是一「連續型的理性」，而後者則成就一「斷裂型的理性」。連續型的理性指的是以天人、物我、人己連續爲一體這樣所構成的理性狀態，因爲它是在一所謂的「連續而爲一體」的情況之下而形成的理性，所以它在天人、物我、人己這三個面向的兩端之間，沒有斷裂，也因

---

❸　關於此「連續」與「斷裂」之問題，請參看林安梧〈絕地天之通與巴別塔：中西宗教的一個對比切入點的展開〉，東方宗教討論會第四界論文發表會，一九八九年八月，臺北。又發表於「海峽兩岸中國文化思想研討會」，雲南社會科學院，一九九〇年四月，昆明。後修訂刊於於《鵝湖學誌》，第四期，頁1-14，一九九〇年六月，臺北。後收入林安梧《中國宗教與意義治療》一書之中，明文書局，一九九六年，臺北。

此，它不必有一個異質的東西做爲兩者的連結。

甚至，我們可以說所謂的「天人」、「物我」、「人己」這三大面向的兩端是不能是眞正的兩端，它們的兩端只是方法上的訂定而已，並不是存有上的論定就有這兩端。換言之，當我們一再的強調天人合一、物我合一、人己合一，其實在所謂的「合一」之前，已先預取了一「不二」的立場。就理論的構築來說，「不二說」是先於「合一說」的。不二說是就理想的本原狀態而說的，合一說則是就現實的實踐與修養之要求而說的。不二說乃是就因位上說，而合一說乃是就果位上說。所謂「斷裂型的理性」指的是就「天人」、「物我」、「人己」這三個面向下的兩端不是連續爲一體的，天人裂而爲二，物我裂而爲二，人己裂而爲二。

值得注意的是，雖然，它們裂而爲二，但是必然的要有一合而爲一的要求。就此從裂而爲二，到合而爲一，便必須有一個獨立於兩端之外的「第三者」以爲中介，通過這樣的中介才能將這兩端連結起來。無疑的，斷裂型的理性乃是以這個「第三者」爲核心的一種理性，它具有統合兩端爲一個總體的作用。起先這個第三者是做爲兩端溝通及連結的一個中介而已，就理論的層次來說，它應只有方法上的意義，而沒有本體上的意義。就好像只是一個轉運站而已，它並沒有自家的貨品。換言之，起先它只是暫時的「假」而已，不是恆常的「眞」。問題就在於，它弄假成眞，以假控眞。其實，就這「斷裂型的理性」之理性其最大的功能便是擰成一總體（totality）的功能，就這擰成便不免有所謂的「異化」與「宰制」的情形。當然，前面，我們所提及的「連續型的理性」亦有「異化」與「宰制」的情形，只不過兩者的類型及內涵有天大的差別。

筆者在這裏強調的是通過中國文化與西方文化的對比，進而點示出臺灣所處的可能性；當然，就實際的層次而言，這只是一可能性，但就應然層次說，我們亦可說它含有一實踐的必然性。問題的癥結在於我們怎樣的「受記於上蒼」，如果這塊土地上的族群不能正視到目前自己的限制及可能性，對於自己的未來亦無所要求，無所嚮往，而只是一味的奴顏卑膝、苟安度日，不但未受記於上蒼，更且自棄於上蒼，則筆者如上所述皆成戲論矣！果如此，寧不悲夫！

〈釋〉：特別在後資本主義化、後現代化的年代裏，宏觀的哲學類比是極為須要的；臺灣哲學若不置於這樣的對比下，則必只成為資本主義核心國家的哲學次殖民地而已。「連續型的理性」與「斷裂型的理性」之對比，適巧可以讓臺灣哲學在全人類文明的發展中找尋到自家的立足點，這是值得我們去留意的。

關聯著「連續型的理性」傳統，在存有學上，我們可以徹底擺脫西方自柏拉圖、亞理士多德以來所造成「存有的遺忘」之問題；讓我們真能以「活生生的實存而有」進到「生活世界」與「歷史社會總体」之中，去正視我們的存在，並因之由「境識俱泯」，而「境識俱起而未分」、「境識俱起而已分」（「以識執境」），或者說是由「存有的根源──Ｘ」，既而開顯之為一「無執著性、未對象化的存有」，再而轉為存有之執定為「執著性、對象化的存有」。由「主客不二」、「心物俱泯」、「境識俱泯」、「天人物我人己通而為一」再走向兩端之分立，如此一來，於「連續型理性」與「斷裂型理性」，既明其分際，又通而為一。連帶著，於知識學上，順著原先宋明儒學德性之知、見聞之知的分別，乃至當代新儒學性智與量

·145·

智的區別，或是說良知主體、知性主體的分別；進一步，我們順著「連續型理性」與「斷裂型理性」的接續方式，由「無分別相」到「分別相」，由「未分化前的感知」到「分化後的概念」，重視此中是一發展的歷程，而不是隔開的兩個主體。以宏觀角度視之，「斷裂型的理性」在資本主義化、現代化的過程中，可以說已充極而盡的發展，這樣的發展使得人們經由語言文字符號所構築的系統，弄假成真，並以假控真，造成嚴重的「存有的遮蔽」。相對而言，這在「連續型的理性」的對比下，適可以因之而「除蔽」，令其「彰顯」，可以「由假返真」。這也就是說，我們有可能真切地去面對「語言的異化」，因之而返向「存有的治療」❶。

再者，我們觀看廿一世紀人類文明的未來新可能，這裏顯然是一個極重要的新起點。廿一世紀的人類文明己經不再是從十七、十八、十九、廿世紀這三、四百年來，以科學為主導的、以一神論為主導的、以一個文化傳統為主導的、以某一個或某兩個政治意識型態為主的國際關係，和西方文化中心為主的人類文明發展方式。譬如，蘇聯解體、東歐變色，中國大陸也在改變，美國如果現在還是獨強的話，是因為美國不再只是用原來的思考方式在運作而已，而且它也在轉變中，甚至美國獨強的現象也已經漸漸褪祛中，而亞洲己經悄然在地球另一端昇起了。

或者，我們可以比擬的說，用「叉子的文明」漸漸失去獨大，

---

❶ 關於此，請參看拙著〈語言的異化與存有的治療──以老子《道德經》為核心的理解與詮釋〉，香港法住文化書院，安身立命國際會議，一九九一年十二月，刊於《鵝湖學誌》，第八期，頁31-57，一九九二年七月，臺北。後收入林安梧《中國宗教與意義治療》一書之中。

用「筷子的文明」正冉冉昇起；「叉子的文明」就是比擬「主體對
象化」的文明，比擬「斷裂型的理性」的文明。這樣的文明並不把
那對象物當成活生生的生命體，所以常從人類中心、自我中心、理
性中心出發，以一種強烈干預、宰制、實用的方式，嚴密地而精確
地控制對立的對象，這種叉子文明發展到廿世紀正是個巔峰。這文
明既是「文明」，卻也是「文蔽」。相對而言，「筷子文明」就很
不同，筷子跟那個對象物最重要的關係不是「征服的對立」，而是
「和諧的共成」關係，互相成全以達到一種實踐活動的圓滿開顯，
顯然這是一種場所、交談的哲學，其欲完成的是有關共通之道的開
顯。

戊寅之春五月十一日晨於象山居

第七章　評所謂「新批判主義」

郭齊勇

　　《華中師範大學學報》（哲社版）一九九六年第五期發表了周曉明、昌切、王又平、鄧曉芒四先生批評所謂「新保守主義」的文章，區區拜讀之後，未敢苟同，特應編輯先生之約，撰小文就教于四先生和讀者諸君。

　　一、何來「新保守主義」傾向？繼八〇年代文化大討論之後，九〇年代人們進一步正確對待過去被糟蹋得不成樣子的儒釋道精英文化，深入探討傳統與現代的多重關係，高揚人文精神與價值理性，並對西方理性和啓蒙價值的單面性提出批評，對國內日趨嚴峻的物化的人生觀的氾濫和道德的危機，生命本性的困惑作出疏導，取得了多樣的積極成果。海內外或兩岸三地中國文化研究成果與方法的互動，亦屬正常現象。至於有個別人把話說過了頭，我看也不必大驚小怪，以爲眞會影響我們現代化的進程或文化選擇。我看沒有那麼嚴重。究竟有沒有「國學熱」和「一種值得注意的思想文化傾向：新保守主義」，我想有一個起碼的衡量標準，那就是認字和斷句。今天，像我們這些忝列高校文史哲教席的「教授」「博導」們尚不得不借助工具書才能勉強讀懂《尚書》、《詩經》，大學生們尚分

不清《四書》與明清小說中的「四大奇書」，還有所謂著名青年詩人不知《老子》、《莊子》爲何物，到德國去大鬧笑話。在這種情況下，怎麼敢說我們「保守」了祖國文化的什麼？怎麼敢侈談「國學」還嫌「熱」了？！不要說什麼經史子集，高校文科教師能順順當當地把最簡易的「四書」讀下來且解釋清楚的能有幾人？我看現在倒眞是要「保」「守」一下民族文化的瑰寶，需要適當對知識界和國民「啓」自家文化遺產之「蒙」，「補」仁愛忠恕孝悌信義之「課」，「掃」人文價值與道德理想之「盲」。

二、克服視域的平面化和單維化。周君的大文批評「向後看」「向回轉」的「念舊」情緒，強調「古代」與「現代」、「進步、變革，還是退守、守成」的二元對立。王君的提問也十分嚇人：「阻遏著、拖拽著中國社會變革的究竟是西方現代文化還是中國傳統文化？」他要我們作一個基本的判定和選擇。他的意見是溫飽問題尚未解決就不要推廣減肥。昌切的文章也說，目前最緊迫的任務是解決前現代向現代過渡的問題，而不要把西方人從現代向後現代轉進的問題纏夾過來，企望畢其功於一役。我很能理解這一苦心，同樣認爲民主與法制秩序的建構及啓蒙價值——民主、自由、正義、平等、博愛、人權、理性等在中國的生根是第一位的。但世界處在兩種不同方向重疊的運動中，每個國家都要在不平衡發展加劇的世界中找到自己發展的平衡與重心。東西方都有不少有識之士重新反省西方文明的「現代性」，並重新估價東方傳統與現代化的關係。隨著地球變得越來越小話語空間的確顯得格外複雜。我們在這一背景下，不能不清醒地認識西方理念的片面性、單向度性和平面化的缺失。其實，人權離不開責任與義務，法律不能代替禮樂教化的功能，

個性自由與群體價值觀需要互補互動。總之，在生態環境與文化環境上都不應重蹈「先污染後治理」的覆轍，因為我們畢竟有西方與東亞現代化的經驗和教訓作為參照。這就包括吸取本民族的政治、道德等文化資源，需要平等地與古人進行心靈交流與對話，吸納他們的深刻睿智，解決人的意義世界的危機以及人與天、地、人、我的疏離問題。照我的想法，有的文化人「非今」，只是在人生哲學層面上批評當下的功利、浮躁，決不是要阻礙今天社會各方面的繁榮進步，「從古」也不是要回到古代社會，而是在意境追求上體味某種理想的真善美合一之境。人們有不同的現實關懷，當下關懷，也有不同的長遠關懷、終極關懷，文化有不同的層面－－政治、經濟、社會、民俗、宗教、藝術、哲學等等，為什麼只能在一個層面一個維度上選擇其一呢？即使在一維之中，為什麼害怕保持某種張力呢？科學與民主尚不足以作為尺度 (特別是唯一的尺度) 來衡量東西方古已有之的道德、藝術、哲學、宗教。因為層面不同，深淺有別。我看我們早就應該打破單線進化論的思維框架，打破對西方現代化模式的迷信，超越前進後退、古今、中西、進步保守的二元對峙，肯定古今之別不等於中西之異，允許不同價值系統的共存互尊。在各國現代化的歷史上，批評現代化的思想和人物總是和現代化並行不悖的，如此才能保證現代化的健康發展。借取一點古代的寶藏，天塌不下來。「孝」「忠」在韓國、日本的現代化中成為助緣，道、佛及民間宗教在臺灣地區的經濟生活中起過作用，儘管其間的過程和變化十分複雜，但至少啟發我們不要把現代文化設計得那麼單一，它是多層多樣多維多態的，且決不會脫離民族性！

　　三、駁所謂「文化戀母情結」。鄧君說從五四到今天，「幾乎

沒有一個人眞正理解到魯迅」「以自身爲標本對整個民族文化傳統的自我解剖、自我批判精神」。他批評回歸傳統的文人，視之爲「傳統本身的惰性」，並「稱之爲『文化戀母情結』，即總是要到文化母體中去尋求現實生活的『資糧』，好比一個孩子已長大了，還不願斷奶」。與周君用極不雅訓的「精神陽萎」相似，鄧君亦嗤笑文化保守主義者「都像是些孩子」，有「自戀情結」，「談起『道德境界』來好比在做白日夢」。我不知道有沒有思想大家（例如康德、黑格爾）是可以不到文化母體中去尋求思想資糧的，也不知道天下有沒有一個現代化是可以不從自己的文化母體中尋求現實生活的資糧的。我只知道西方人無比尊重、珍惜自己的文化母體，決無任何的輕蔑、賤視、毀辱、鄙夷。雅斯貝爾斯在《歷史的起源與目標》中說：「人類一直靠軸心時代所產生的思考和創造的一切而生存，每一次新的飛躍都回顧這一時期，並被它重燃火焰，自那以後，情況就是這樣，軸心期潛力的甦醒和對軸心期潛力的回歸，或者說復興，總是提供了精神的動力。」足見文化的創造動力、源頭活水在文化母體，此母體之乳汁滋養著現代心靈，不可斷，不能斷！文化的發展當然包括對軸心文明（如禮樂文明、六經諸子及其資源）的高層次回歸、復興，即重新發現其尚未開掘的意義與價值，並作出具有時代意義的轉化和闡揚！我相信鄧君所說的自我批判與反省的前提，是對傳統的深度價值有全面深入的理解，如果只據浮面理解，聯想當下社會人生之負面去作挖苦或揶揄，則不能視爲自我批判。鄧君在他才氣橫溢的大著《靈之舞－－中西人格的表演性》（東方出版社1995年版）中說，孔子儒家「己欲立而立人，己欲達而達人」，是僞善者以我之欲強加於人，「以仁慈、寬厚、體貼的面目，體現著中國傳

統倫理的專制性和任意性。父母和父母官對兒女和子民們濫施淫威，均可振振有詞地說成是『爲你們好』；歷次政治運動的受害者到死都相信這是爲了自己能『立』和『達』。」（第150頁）我看鄧君對儒家這一命題及其它命題的批判就具有「專制性和任意性」。鄧君還說莊子的超越只停留在「物」的層次，亦不知所云。這在理解上不相應，「隔」了一大層，是鄧君的毛病。他又說《廢都》中的亂交和顧城的殺妻與自殺，並不是中國人現在變壞了，「而是中國人數千年的倫理價值體系已顯示出了自身致命的缺陷」（第122頁）；還說《北京人在紐約》中的王起明的傳統道德觀念在西方碰得粉碎，唯一能做的只剩下用手比劃一個生殖器的動作，此即根源於中國文化不過只是「傳種接代」的文化（他連「傳宗」都不用，而用「傳種」）。「既然我們的傳統文化植根於生物學上的傳種接代，它就沒有能力用眞正人性的東西去溶化人心中非人性的、善性的東西，而只是掩蓋、包容甚至保存和維護著獸性的東西。」（同上）這種批判有什麼根據呢？難道中國文化眞沒有這種能力而只能維護、掩蓋、包容獸性嗎？作者理解傳統精神遺產中大量的深邃的眞正人性的東西和中國人的核心價值觀麼？鄧君說「中國人其實很少懂得眞正的情感」，「只有親情，而無感情」，只有「通過生物種族繁衍的譜系表查閱到的那種家族感情，除此而外就只剩下『感於物而動』的（同樣是動物性的）喜怒哀樂之情」（第101頁）。「中國人的責任感……總是歸結到生物學上的生殖和世代繁衍上去。」（第120頁）「仁義道德本質上是一種生物界的（虎狼亦適用的）原則，即自然血緣原則。」（第121頁）按這種說法，中國人只具有動物性。如果所謂「新批判主義」是指的「醜陋的中國人」一類，那我看就沒有什麼新意。執斧伐柯，

其則不遠。說中國文化自身沒有自我否定、自我超越的內在力量，那它是如何發展至今的呢？反過來說，如果在西方和泛西方化的大潮裏挾之下，沒有對自家歷史文化的自尊、自信，甚至連起碼的同情的理解都沒有，那麼這種「新批判」與「舊批判」有什麼本質區別呢？

四、同情的理解，理性的批導。有人批判傳統，卻不肯細讀傳統的原典，也不下功夫理解傳統社會與文化種種面相及其所以然，只依憑一二種現行教材或海外三流作家的書。有人批判「文化保守主義」，可是連此名相的確定內涵也弄不清楚，將它混同於政治層面的保守主義。有人批判現當代新儒家，可是連一本批判對象的原著也沒有讀過，而且也不顧「新儒家」（指宋明理學）與「現當代新儒家」的區別。批判是必要的，但只能是：先讀書，再批評。四先生當然不在此例。不過王君在大文中把批判傳統的自由主義者殷海光、林毓生師弟（林又是西方自由主義大師海耶克的弟子）與錢穆、杜維明等都列爲「守傳統主義者」；又把與當代新儒家頗有分歧的余英時、金耀基列入其中，且把他們的老師錢穆放在尾巴殿後，足見王君對他所列一大串域外學人的師友淵源、思想分野、變化及定位，都不甚了了，真是「給人一種‘有沒有搞錯哇’的感覺」（借王氏語）。

我看誰也沒有蠢到昌君所說的「自作多情」「回到老祖宗溫馨的懷抱中去」的地步。因爲借取傳統資源是爲了拓新，而且傳統本身是流動的。《中庸》說：「萬物並育而不相害，道並行而不相悖。」四先生所說和鄙人的陋見都可以並存。但現代社會與現代人生需要多種文化思想資源的陶養。重新擁有各民族自己的文化認同，以多維的視域詮釋和轉化文化傳統，克服「文化資源薄弱，價值領域稀

少」的病症及現代人安身立命或終極託付的危機，是全球和我國未來文化建設的重大課題之一。如果一定要用古今、先後的名詞，我看不妨讓一些人做「釋古助今」「守先待後」的工作。「守」也很重要，有所「守」才能有所「為」，有所「創」，沒有「守」就沒有「為」，沒有「創」。沒有根源性，就沒有現代性和世界性。對四先生的「新批判」，鄙人鬥膽來一點「新保守」，又何妨？

　　（本文是應《華中師範大學學報》編輯的邀請而作，刊載於該刊一九九七年第二期，一九九七年三月。當時，編輯先生只給我這點篇幅，故對鄧曉芒先生大作的批評點到為止。然此則足矣，毋需多說。）

第八章　異化理論、社會主義與人類未來

——當前西方學者視野中的馬克思主義哲學一瞥

歐陽康

內容提要

　　馬克思主義哲學的當代發展既有待於中國的馬克思主義哲學工作者的努力，也需要借鑒當代西方哲學，包括西方馬克思主義研究的積極思想理論成果。異化勞動理論及其現代意義、社會主義的前途和命運、當前人類的困境與解放，可以看作當前西方的馬克思主義哲學研究所密切關注的幾個重要視點和問題。本文通過對這幾個問題的述評和比較分析，透視

西方學者關注馬克思主義哲學的側重點和基本思路，凸現當代中國的馬克思主義哲學工作者在堅持和發展馬克思主義哲學和社會主義方面的特殊歷史使命和責任。

關鍵字 馬克思主義哲學　異化勞動理論　社會主義　人類未來　西方馬克思主義

　　面對二十一世紀的人類文明，中國的馬克思主義哲學工作者如何才能更快更好地發展馬克思主義哲學？一個重要的研究思路和參照系統，就是借鑒當代西方哲學尤其西方馬克思主義對於馬克思主義哲學的研究及其成果。那麼當前西方學者尤其西方馬克思主義者究竟以什麼方式在關注著馬克思主義哲學的那些問題呢？在二〇〇〇年十月中國社會科學院哲學所主辦的「馬克思主義哲學與二十一世紀」國際學術會上，來自美國、英國、德國、俄羅斯、匈牙利、義大利、澳大利亞、日本的十多位國外學者與來自中國大陸和臺北的數十位學者與會，共探馬克思主義哲學的歷史、現實與未來。綜觀海內外與會學者所提供的論文和所做發言，結合筆者與一些西方馬克思主義研究者的長期學術聯繫與交流，筆者感到，異化理論、社會主義與人類未來，也許是當代西方學者關注馬克思主義哲學的幾個重要的視點和問題。本文就這幾個方面的問題做些初步的述評，掛一漏萬，與學界同仁共同探討。

一、異化勞動理論與馬克思哲學的當代意義

　　異化勞動理論是馬克思哲學的重要理論內容，以馬克思《1844年經濟學哲學手稿》爲主要載體。由於該書發現和出版較晚，國際學術界尤其西方馬克思主義的研究者對其一直非常關注，力圖從《手稿》中加深以至重新理解馬克思，發表了許多論評，其中的許多成果已爲國內學界所瞭解。值得注意的是，西方學者對於馬克思異化理論的關注熱情迄今似乎仍然不減。在由美國哲學學會（APA）中的馬克思主義哲學研究會（The Society for the Philosophical Study to Marxism）會長詹姆士·勞羅（James Lawler）主持的該會電子郵件資訊網上，每月討論一個大家關心的哲學問題。記得一九九九年十二月討論的主題就是「異化問題」，該主題引起熱烈反響和積極參與，網上先後發表了數十篇討論文章，給筆者留下了深刻印象。他們在對其他問題的討論中也不斷地涉及到異化問題。本次會議又有兩位海外學者專文談到了馬克思的異化理論及其現代意義：英國蒂塞德大學教授、《馬克思主義研究》主編馬克·考林（Mark Cowling）的《成熟時期馬克思的異化觀》；德國敏斯特大學賴特邁爾教授《以勞動求解放——從傳統勞動社會瓦解的視角看馬克思的異化勞動理論》，引起筆者的格外關注。從上述討論和論文中，我們多少可以看出當前海外學者關注異化理論的幾個主要關節點。

1.異化理論在馬克思思想中的地位問題

異化理論只是馬克思的早期思想內容，還是也存在於成熟時期的馬克思思想中？自馬克思的《1844年經濟學哲學手稿》發現和出版以來，異化理論引起人們的普遍關注。但對它到底是專屬與青年馬克思，還是也存在於成熟時期馬克思的學說之中，學術界一直存在著不同的看法。一種佔主導地位的觀點認爲異化概念僅僅是青年馬克思的思想，代表著不成熟的馬克思。青年馬克思力圖用人的異化來說明社會的所有各種特徵。而成熟時期的馬克思受到恩格斯的影響，傾向於用生產方式來分析社會，其主要理論表徵是歷史唯物主義。這樣，異化理論只是存在於青年馬克思的思想中，而與成熟時期的馬克思思想沒有什麼關係，因此它在馬克思思想發展中的地位就不那麼顯赫和重要。從這種觀點出發，人們不僅發現了異化理論和歷史唯物主義之間的差異和對立，還發現了所謂青年馬克思和成熟的馬克思這「兩個馬克思」在異化理論等問題上的對立。如何解釋這種對立？另一種觀點認爲馬克思的思想是一貫的，不僅青年馬克思有異化理論，成熟時期的馬克思也有異化理論，而且異化在成熟時期的馬克思的著作中居於核心的地位。那麼青年馬克思與成熟時期的馬克思的異化理論是否有所不同呢？如果沒有不同，如何說明在成熟時期馬克思著作中確實很少見到異化概念，馬克思也幾乎沒有對異化問題作出專門說明的實際情況？如果有所不同，區別在什麼地方呢？人們對這些做出了不同的回答。

英國學者馬克·考林教授力圖將上述觀點綜合起來，達成一種相對而言比較持中的理解。在考林教授看來，馬克思不僅在青年時

代，尤其是在《1844年經濟學哲學手稿》中大量地談了異化問題，而且在一八四六年後的著作中也廣泛地討論了異化，並形成了成熟時期馬克思的異化觀，因此異化理論並不專屬青年馬克思。但是比較青年馬克思在早期和成熟時期所提倡的那些主要理論，可以看出他的著作中存在著某種斷裂，在異化問題上也不例外。但這種斷裂並不是有無異化理論的區別，也很難說是不同的異化理論的差別，而是對異化在不同的具體語境中的表述和對於不同概念的運用的差別。如果忽視了成熟時期馬克思的異化理論，則人們很難達到對於馬克思思想的全面把握。考林力圖通過具體的語境對成熟時期馬克思有關異化問題的論述進行分析，以說明成熟時期馬克思的異化觀。首先，成熟時期馬克思對異化概念的使用沒有超出異化概念的合法用法，但有時有所擴展。考林認爲，就對「異化」概念的合法用法而言，它僅僅意味著一個人把他對某個東西的所有權讓渡給另一個人。當然，在一般情況下，這種讓渡是通過銷售這個東西來進行的。成熟時期的馬克思對「異化」這個術語的許多用法，都僅僅是把它與「銷售」或「讓渡」聯繫在一起使用的，因此沒有超出對於「異化」的合法用法，儘管他有時有所擴展。其次，馬克思在成熟時期對於「商品拜物教」的分析批判並不需要哲學上關於異化的人的概念。考林認爲，「商品拜物教」的核心是人與人的關係正在變成物與物之間的關係，尤其是商品與商品的關係，物對人的統治代替了人對人的統治。這可以看作與異化理論不同的又一個理論解釋構架。在青年馬克思看來，人的本質、人的類存在受到異化，這樣資產階級社會的所有各種現象就都是由這種異化所產生的了。這種異化最終會被共產主義、被「通過人並且爲了人而對人的本質的

真正佔有」❶所克服。然而，對於成熟時期的馬克思來說：「人？如果這個語詞所指的是『人』這個範疇，那麼一般說來，他是『沒有任何』需要的」❷。馬克思的「分析方法……並不是從人出發，而是從經濟角度來看既定的社會時期出發」❸。同樣，就《資本論》而言，馬克思用來與資本主義的這些問題相提並論的，似乎是某種有計劃的、已經社會化的經濟，而不是對人類本質的重新佔用。因此，理解這種理論是不需要任何關於已經異化的人的說明的。再次，對於成熟時期的馬克思多次提到的「多方面的人」，我們可以把這當作他對資本主義生產方式的各種影響的、充滿感情的經驗性描述來解讀，而不應當當作哲學方面的分析來解讀。即使不依賴于青年馬克思關於「多方面的人」的思想，也是可以理解和接受的相對獨立的價值判斷。

2.異化勞動的實質及其與決定論和自由的關係

馬克思在經濟學哲學手稿中對於異化勞動作了基本的規定：勞動產品的異化、勞動本質的異化、人的類本質的異化、人與社會關係的異化等。如何更好地理解它呢？在一篇題為《決定論、異化、自由》的文章中，勞羅提出，異化勞動的最根本規定是勞動本質的異化，即「為了掙錢而勞動」，把勞動純粹作為謀生的手段。相應

---

❶ 《馬克思恩格斯全集》第四十二卷，頁120，人民出版社一九七九年版。

❷ 卡爾·馬克思，《關於瓦格納的邊注》(*Marginal Notes on Wagner*)，該文載《理論性實踐》(*Theoretical Practice*)，一九七二年，第五期，春季號，頁40-65，頁45。

❸ 同上引書，頁52。

地，異化的最終消除，只有在每個人都自覺自願地從事自由的和創造性的勞動才有可能。這就提出了異化與決定論和自由之間的關係問題❹。勞羅認爲，任何現代哲學，包括對於馬克思主義的各種現代理解，都與決定論所主張的具有客觀的決定性作用的規律有關。按照現代科學和它對於普遍性的理解，任何事物都是作爲一個和諧的、完全的和有著內在聯繫的普遍規律的一個部分而存在的，因此最好的認識過程是價值中立的。在社會歷史問題的研究中，對決定論的強調常常與人的個性的自由發展發生矛盾和衝突。如何才能做到既能把握和捍衛歷史的意義，又能達到對於人的本質和人的命運的理解和尊重？勞羅主張恢復馬克思和黑格爾對於歷史自由（historical freedom）的理解：在人類歷史的早期是沒有眞正的歷史自由的；從人類史前史、即前階級社會（prehistoric, preclass societies）到前現代社會（premodern societies），包括古代封建社會和亞西亞國家，到現代社會（資本主義），到後現代社會（共產主義）的進化過程，就是人類的自我發展過程。這是一個與其他發展過程一樣的規律性過程，是一個人類的自由主體性（human free subjectivity）不斷發展的客觀的和合規律的過程。因此，決定論和自由在這裏沒有矛盾。規律就是自由進化的規律。異化不過是在自由發展歷程中的某種特殊現象。

---

❹ James Lawler: Determinism, Alienation and Freedom（《決定論、異化、自由》），美國哲學會馬克思主義哲學研究會電子資訊網二〇〇〇年五月八日。

3.異化勞動理論的現實意義

　　馬克思的異化勞動理論的眞實價值在於通過批判勞動的異化，消除建立在社會控制的技術進步基礎上的異化勞動。一個半世紀過去了，資本形式、生產過程、科學技術、社會文化等都發生了根本性的變化，這種理論在今天的和平社會裏能告訴我們什麼呢？異化勞動理論還有其現代意義嗎？德國敏斯特大學維特教授主張從傳統勞動社會瓦解的視角看馬克思的異化理論，並對其現代意義作出了肯定的回答——以勞動求解放。維特認爲，本世紀以來，尤其是第二次世界大戰以來，隨著少數大公司對全球市場的控制不斷加強，私人資本的壟斷日益加劇，全球化和一體化的進程加速，世界範圍內大規模生產達到標準化，資訊和基因技術突飛猛進，傳統與個人觀點日見式微等，情況與馬克思當年的情況有了很大的改變。但是，馬克思的異化勞動理論並沒有因此而過時。維特認爲，在社會生產商品的過程中，我們不可能從事未異化的勞動，或者說，積極的未異化的勞動，只能在不生產商品的社會中實現。在全球化的生產和市場體系中，人最終將成爲市場份額競爭的犧牲品，這種犧牲或是戰爭和對人的工作能力赤裸裸的剝削的直接後果，或是對人的意識的間接操縱以及對其個人尊嚴和個性的系統侵犯的間接結果。馬克思對異化勞動的批判所依據的人道和法律條文給有意義的個體存在提供了基礎，顯示出這種個體存在的基本意義，並從法律上保護個人意識，使其免遭隱姓埋名、個性消失的命運。異化的消失意味著通過研究人道主義社會實踐來教育自己，或保留某種市場研究不能企及的不可獲得的主體性殘餘。爲此，就有必要繼續馬克思對以資

本擴張邏輯爲根據的資產階級經濟的批判，這樣做不是爲了加劇永遠與眞理無關的意識形態競爭，而是爲了一個公正的世界社會的前途。

二、社會主義的前途與命運

　　在馬克思和恩格斯的理論視野中，社會主義和共產主義始終是全部問題的核心和關鍵。過去的哲學家們關注著對於世界的解釋，而問題在於改變世界。社會主義的思想、實踐和制度是改造資本主義世界的最直接和最重要方式之一，相應地，馬克思主義哲學應當是社會主義學說、運動與制度的理論基礎。然而，二十世紀中社會主義運動波瀾曲折，尤其是在九〇年代遭受重大挫折，中國和一些社會主義國家紛紛走上了改革開放和發展市場經濟之路。在這種情況下，西方學者如何看社會主義，尤其是西方國家中的馬克思主義研究者們如何看待社會主義，特別是經歷了社會主義的大喜大悲的俄羅斯、匈牙利學者如何看待社會主義，便格外引人注目。本次會議中，社會主義是大會發言中討論最爲集中和熱烈的問題之一。一批著名的中國領導人和學者，李鐵映、龔育之、邢賁思、劉吉、李君如等，都對社會主義、尤其是中國特色的社會主義的歷史經驗、現實發展和未來展望做了系統發言。日本大阪經濟法科大學教授岩崎允胤教授提交了論文《世紀之交的哲學思考——關於現代政治、軍事、經濟、文化等重要問題》，義大利烏爾比諾大學多莫尼科·洛蘇爾多教授提供的論文是《馬克思——社會主義的歷史經驗和展望》，美國共產黨馬克思主義教育中心Ｗ·哈拉比教授提交的論文

是《21世紀革命樂觀主義的物質基礎》。在美國哲學會馬克思主義哲學研究會的電子郵件資訊網上，也多次討論了有關超越資本主義（beyond Capitalism），共產主義計劃（Communism programme），宗教和社會主義政策（Religion and Socialist policy）等問題，在他們關於異化問題的討論中也時常涉及社會主義的問題。綜觀西方學者對於社會主義的論述，主要集中在幾個方面。

1.如何看待社會主義在蘇聯和東歐國家所遭受的失敗與挫折

這是所有誠實正直的馬克思主義者都必須直接面對並作出回答的問題。日本著名學者岩崎允胤教授認爲，在新的情況下要重新認識什麼是馬克思主義、什麼是科學社會主義。科學社會主義包含著學說、運動、體制這三個方面，對它們應當統一地加以理解，這三者在歷史過程中應當通過相互補充實現辯證的統一。前蘇聯是從體制上基本上偏離了科學社會主義，最終轉化成了它的對立面。但是，這只是蘇聯體制的失敗，決不意味著社會主義一般的瓦解，也不有損於科學社會主義學說和運動的發展，因此也不意味著什麼「社會主義的瓦解」。義大利烏爾比諾大學洛蘇爾多教授在《馬克思：社會主義的歷史經驗和展望》中提出，爲了能夠發展社會生產力並且打破封鎖，一個發展中的社會主義國家不得不重視和學習來自先進資本主義國家的工業和技術。但是，這些工業和技術並不是價值中立的，它們必然帶著它們所由產生和運用的那個世界的社會關係的特徵，並必然對社會主義國家的社會關係發生影響。面對這種情況，我們能夠從馬克思的思想中得到一些什麼教益呢？洛蘇爾多認爲，馬克思對於社會主義有三方面的論述：第一是烏托邦，即社會主義

理想，第二是對於人類發展前景的一個長時期的未來展望，第三是無產階級在奪取政權後的近期任務。馬克思主義的解放力量主要在於它的第三方面，為此應當把烏托邦並入長期展望的論述，並落腳於解決當前的現實任務。馬克思的科學理論和方法為此提供了可能。

2.市場社會主義

　　這是當前西方馬克思主義研究中最為引人關注的問題之一。按照人們過去的理解，社會主義的一個基本要素就是計劃經濟。隨著經濟和市場的全球性拓展，社會主義與市場經濟的關係凸現了出來。尤其是隨著社會主義國家的改革和發展，市場機制逐漸引入了社會主義經濟建設。市場社會主義成為人們對於社會主義發展模式的一種積極思考和探索。當然，把市場機制與社會主義相結合，這並不是全新的思想，就其淵源而言至少可以回溯到二十世紀三〇年代的奧斯卡·蘭格（Oskar Lange）。但這種觀點一直沒有受到重視，直到二十世紀八〇年代，尤其九〇年代才達到鼎盛，至今仍然是西方社會主義研究中的主流。當然，對於市場機制是否應當和能夠與社會主義相結合，也存在著不同甚至完全相反的看法。美國學者柏特·奧爾曼就對市場經濟及其弊端持一種非常嚴厲的批判態度，認為與資本主義市場經濟相伴隨的異化也會將其大多數內容和形式留給市場社會主義。在他看來，在存在如此廣泛的異化的社會中，社會主義的關係、價值和情感何以流傳和發揮作用呢❺？在贊同市場社會主義的西方學者中，對於什麼是市場社會主義也有不同的看法。

---

❺　Bertell Ollman: Alienation, 美國哲學會馬克思主義哲學研究會電子資訊網，一九九九年十二月十日。

在《市場社會主義——社會主義者的爭論》❻一書中，實際上可以看到西方馬克思主義研究者對於社會主義的不同理解。美國學者勞羅認爲，要全面地理解馬克思的共產主義，需要一種辯證的思維和方法，而不能採用虛無主義的思維和方法。要把人類向共產主義的進化看作一個過程，這個過程大體可以分爲六個階段，而市場社會主義居於其中的第四階段，是由資本主義向共產主義過渡的時期。市場社會主義是對資本主義的揚棄而不是拋棄。第五階段相當於馬克思所講的共產主義的初級階段，在這個時期仍然存在著如馬克思所說的異化之類的東西，但在數量上它們比現行的資本主義社會中要少得多。不能用消除了異化的共產主義高級階段來對比和要求還存在異化現象的市場社會主義，就好像不能用成人來對比和要求小孩一樣。市場社會主義應當成爲我們的一種可能的選擇。

3.全球化的資本主義及其對策

科學社會主義是作爲資本主義的理論批判而產生的，相應地，對社會主義的理解也是與對資本主義的理解密不可分地聯繫在一起的。通常認爲，資本主義的發展經歷了幾個重要的歷史階段：早期的自由資本主義時期，中期的壟斷資本主義時期，當前的全球化資本主義時期。美國著名學者大衛·斯克威卡特（David Schweickart）在他的幾篇重要論作《反對資本主義》（Against Capitalism）、《超越資本主義》（Beyond Capitalism）和《從這裏到那裏——借助於〈共

---

❻ Schweickart, James Lawler, Hillel Tictin, Bertell Ollman: Market Socialism: the Debate Among Socialists, (《市場社會主義：社會主義者的爭論》，Routledge, 1999.

產黨宣言〉來構想從資本主義向社會主義的過渡》（From Here to There: Imagining the Transition from Capitalism to Socialism, with a Little Help from The Communist Manifesto）中指出，當年馬克思和恩格斯在〈共產黨宣言〉中曾經指出，「一個幽靈，共產主義的幽靈在歐洲徘徊。」他們是對的，共產主義的思想興盛了一個半世紀。然而，現在我們無所不在地看到，資本主義的幽靈已經遍佈全球，形成了全球資本主義（globalized capitalism），它以多種形式表現出來：消費社會；全球金融市場；極端的貧富分化和不平等；極端不合理的制度……等。對此他提出一個應對規劃（counterproject），就是要促進從資本主義向社會主義的轉化。這種轉化需要一種特殊的體制，他叫做成功者系統（Successor-System），與這種體系相關的理論叫做成功者系統理論（Successor-System Theory）。對於這種理論你可以叫做社會主義，或共產主義，或其他什麼名稱，名稱並不那麼重要，重要的是其內容。它能夠回答前蘇聯社會主義制度失敗所提出的問題，能夠補足過去社會主義者在社會主義理論方面的匱乏與不足，也能夠在全球化資本主義的背景下得到實施。斯威克卡特認為，就其理論淵源而言，他的理論來自馬克思，尤其是馬克思主義的歷史唯物主義。馬克思的歷史唯物主義迄今仍然是對於人類社會歷史的最好解釋，即便是馬克思主義的敵人也不得不求助於它，儘管是以各種隱蔽的方式。這種成功者系統就是市場社會主義，它是馬克思當年所設想的由資本主義走向共產主義的一個階段，只是當時馬克思和恩格斯還沒有能夠對這個階段的具體內容和細節作出細緻的設想。市場社會主義要消除全球化資本主義的種種內在矛盾，例如經濟不民主和經濟不穩定，減少異化現象，通過控制投資

等來保證社會經濟的持續穩定發展和社會公平。

三、馬克思主義哲學與人類未來

　　馬克思主義哲學應當在人類社會的未來發展中發揮更加積極的作用，並在這個過程中求得自身的更大的發展，這也許是所有真正信奉和關心馬克思主義哲學的人們的共同願望。與會的不少西方學者也表達了類似的願望，並致力於探索馬克思主義哲學在二十一世紀的時代性任務。

1.馬克思主義哲學要密切關心人類命運

　　關注當代世界的重大的全局性問題。日本學者岩崎允胤教授尤其談到以下重大問題：(1)核武器的徹底廢除，軍事同盟的廢除，為建立持久和平向前邁出巨大的一步；(2)資本主義的揚棄，實現沒有剝削和壓迫、貧困和差別、由人們自由聯合的人類共同體；(3)擁護和發展國內、國際的民主主義，消滅違背國際民主主義的霸權主義；(4)自然與人類的共生、地球環境的保全和改善；(5)由多民族多文化的共存、共容帶來的整個人類文化統一的進展；(6)尤其是保障人及其生的尊嚴、價值與幸福，在此基礎上解決其他一切問題。日本早稻田大學北村實教授在題為《我們進入二十一世紀的迫切任務》的論文和發言中認為，馬克思主義哲學應當特別關注當前人類面臨的前所未有過全球性生態危機，並為解決這個難題作出應有的貢獻。他指出，過去有像深層生態學家這樣的生態中心論者認為，馬克思主義是典型的人類中心主義，因此馬克思主義與生態學是截然對立

的，因爲馬克思和恩格斯是諸如「人是自然的主宰」、「發展生產力」、「科學和技術進步」等現代主義觀念的支持者。這是不符合馬克思主義的本質精神的。他表示確信，馬克思主義與作爲科學的生態學並不矛盾，因爲生態學的基本思想在馬克思和恩格斯的著作中已經考慮到了。馬克思和恩格斯是生態學思考的先驅，儘管他們從未使用過「生態學」這個術語，這個詞是海克爾杜撰出來的，那時他們的人生之旅已接近尾聲。儘管現在的生態狀況比馬克思和恩格斯時代的狀況更爲嚴峻了，但他們對生態後果富有遠見的建議和他們解決困境的方法，即使在今天基本上仍然是有效的。我們的任務就是，把馬克思和恩格斯的教誨發展成爲避免生態災難的具體戰略。我們切不可低估馬克思主義對生態學問題做出貢獻的潛在力量。馬克思主義正在通過我們新的環境知識得到充實，它將有助於構造一個「可持續發展」的範式。

2.馬克思主義哲學要勇於回答來自各方面的質疑和挑戰

對此，美國共產黨經濟委員會委員、明尼蘇達大學教授E・馬奎特（Erwin Marquit）在題爲《馬克思主義哲學在21世紀的任務》的發言中，明確提出了捍衛和發展辨證唯物主義的任務。他列舉了「暗物質（dark matter）」的發現對於馬克思主義哲學的物質概念和物質觀的衝擊；資產階級對於馬克思主義的階級鬥爭學說的抨擊；波普對於馬克思和黑格爾的辯證法的攻擊……等，提出馬克思主義的科學社會主義觀念是把辯證唯物主義當作一種科學方法論加以應用的結果。只有把人民發動起來，使他們理解他們作爲其中一部分的歷史進程，導致向社會主義轉變所需的重要力量才會出現。因此，當

我們進入二十一世紀時，馬克思主義者必須捍衛自己世界觀的唯物主義特性，並且要抵制那些在解釋自然和社會的歷程時引入唯心主義概念的嘗試。雖然列寧的《唯物主義和經驗批判主義》在二十世紀為我們提供了關於唯物主義的意義深遠的研究，但是在唯物辯證法方面，馬克思、恩格斯、列寧以及毛澤東只給我們留下了簡略的或者說不完整的討論。二十一世紀馬克思主義哲學所面臨的一個任務就是捍衛和進一步發展唯物辯證法，以反映我們對物質世界認識的深化。辯證法的一個需要特別研究的領域就是辯證邏輯，尤其是辯證邏輯與形式邏輯之間的關係。這種研究具有特別的重要性，這在一定程度上是因為資產階級的哲學常常選擇這個領域來對辯證唯物主義進行攻擊。匈牙利布達佩斯政治研究所A. 蓋德教授在會上做了《形而上學時代的終結——面臨著有爭議的形而上學話題的馬克思主義哲學》，俄羅斯門捷列夫大學V. I. 麥特洛夫（Vladimir Metlov）的發言《當前形勢下的辯證法》等，都從不同角度集中論述了在新的歷史條件下堅持和發展馬克思主義哲學的具體途徑。

3.自覺推進中國馬克思主義哲學研究的當代發展

與會學者普遍認為，世紀之交，在中國北京召開「馬克思主義哲學與21世紀」的大會，探討馬克思主義哲學在二十一世紀的發展問題，既有重大的理論意義，也有十分積極的表徵意義。它凸現了中國的馬克思主義哲學工作者在堅持和發展馬克思主義哲學方面所具有的特殊歷史地位和所肩負的特殊歷史使命。一九七八年以來，中國的改革開放和社會主義現代化建設取得了前所未有的巨大成就，中國的馬克思主義哲學研究也得到了長足的發展，取得了豐碩

的成果，由此而引起了世界的極大關注。隨著蘇聯東歐巨變，中國在堅持和發展馬克思主義和社會主義方面的地位變得更加重要，作用也更加突出。中國的理論與實踐也受到海外學者的密切關注，成為他們研究的對象。在本次會議上，美國—中國友好協會美方主席悉尼·格拉克（Sidney Gluck）教授做了《當代中國哲學的矛盾》的發言，澳大利亞墨爾本大學約翰·哈拉芬（John Hanafin）教授做了《中國1949——2000年馬克思主義哲學與馬克思主義哲學流派》發言。他們嘗試運用結構主義的和科學研究綱領式的方法，在大量一流的中國馬克思主義哲學工作者面前解析由他們參與寫就的當代中國的馬克思主義哲學的研究歷程發展狀況。其理論觀點儘管不一定完全符合我們自己的親身經歷、自我感受與自我評價，卻也不無啓發和教益，使人感到一種轉換視角從外部來觀察和分析所具有的特殊參照和啓示。

四、幾點評論

1.對於西方馬克思主義，長期以來我們一直持完全否定和批判的態度

這就使我們的馬克思主義哲學研究失去了其應有的廣闊視野和思想背景。應當看到，馬克思主義產生一百多年來，一直在以自己的方式推動著歷史向世界歷史的轉變，並在東方與西方、理論與實踐的碰撞中不斷地實現和發展著自身。儘管她只是在東方的一些國家和民族才找到了實現自己的現實社會基礎和階級力量，並成為一

些政黨和國家的指導思想和理論基礎，但她同時也一直爲西方學者
所關注，並作爲西方馬克思主義研究的對象而不斷地得到新的詮釋
和發揮，從而以自己的特殊方式在西方社會文化的發展進程中發揮
著作用。因此，關注西方馬克思主義的研究及其成果，一個重要的
方法論前提，就是要關注馬克思主義在西方社會的歷史命運，從根
本上改變我們對於西方哲學尤其是西方馬克思主義的簡單否定和無
端排斥的態度，客觀地將西方馬克思主義看作馬克思主義在當代西
方社會的一種特殊流變及其存在方式，與之展開平等的對話和交
流。從我們通過多種途徑所接觸到的西方馬克思主義研究者和他們
所提供的學術論作中，我們不難感受到他們對於堅持和發展馬克思
主義的積極態度，儘管對於他們的具體觀點我們不一定都能接受和
贊同。

2.應當從當代西方社會的發展歷程中來理解西方馬克思主義研究的現實社會基礎

應該說，當代西方馬克思主義的各種流派是在當代西方的社會
文化背景下研究和闡釋馬克思主義的。在當代西方社會中，馬克思
主義不僅不是主流的意識型態和主流的人文社會科學，而且是與資
本主義的意識型態相對立甚至直接衝突的。因此在那裏的研究必然
有許多自己的特點。我們知道，資本主義從來也沒有放鬆過與馬克
思主義和社會主義的論爭與較量，甚至出現過嚴厲打壓馬克思主義
和社會主義思潮的「麥卡錫主義」時期。即便在相對而言比較寬鬆
自由的情況下研究馬克思主義哲學也不能遇到各種困難和問題，不
能不受到西方社會文化的各種影響。因此他們用於解讀馬克思主義

的思路和方法不能不帶有西方文化思潮和價值觀念的深刻烙引，其中不無偏頗和誤讀之處。但受到馬克思和恩格斯的已有文本的限定，加上他們從馬克思主義與西方文化的親源關係中來加以解讀，他們的思想成果中也必然包含著許多積極成果。他們關注的一些問題確實是我們過去曾經忽視了的，他們觀察和思考問題的一些思路是我們過去所不具備的，他們的一些理論探討、尤其是從內部對於資本主義的分析批判是我們難以做到的，有的理論內容還相當深刻，對我們很有啓示和借鑒意義。這都應當成為我們研究和發展馬克思主義哲學所絕對不能忽略和輕視的重要對象與思想資源。

3. 應當更加明確中國學者在堅持尤其是發展馬克思主義哲學方面的特殊歷史責任

中國學者與西方學者在研究馬克思主義哲學方面的一個重要區別，不那麼確切地講，就是在發展與堅持這兩個方面各有側重。一般說來，西方馬克思主義研究者在他們所處的特殊社會文化背景下，尤其是面對來自各方面的責難與抨擊，主要的任務是捍衛馬克思主義哲學的地位，論證其理論的正確性和在現實條件下存在的必要性。因此，他們的研究在較大的程度上有一種護衛性和論證性，其重要任務是要運用馬克思主義哲學來對資本主義和非馬克思主義進行批判。而在當代中國，馬克思主義是黨和國家的指導思想和理論基礎，居於統治意識型態和人文社會科學的地位。因此，國家和社會鼓勵並且大力支持對於馬克思主義的研究，並努力促進其發展。相應地，中國的馬克思主義哲學研究工作者的主要任務是依據新的時代背景和社會文化而發展馬克思主義哲學。相比之下，我們

研究和發展馬克思主義哲學的條件應該說比西方學者要好得多。我們的又一重大優勢是馬克思主義哲學的理論研究與社會主義現代化實踐的內在統一，可以隨時把理論研究的新成果新理論轉化爲政策與方法運用於有中國特色的社會主義現代化建設。正是在這種意義上，我們認爲，中國的馬克思主義哲學工作者不僅應當爲國際共產主義的理論和實踐作出更大的貢獻，也應當爲馬克思主義哲學在二十一世紀的世界性發展作出應有的貢獻。

第九章　蘇格拉底與孔子的言說方式比較

鄧曉芒

　　我在〈論中國哲學中的反語言學傾向〉一文中曾說過：「中國哲學對語言的追索可以說是一開始就自覺到了的，但也是一開始就採取了蔑視語言本身或使語言為政治服務的態度，從未把語言當作人與世界本體之間的必經仲介，更談不上將語言本身及其邏輯當作本體和客觀規律了。」為了進一步展開這一觀點並說明其意義，我想在此以孔子的《論語》為例，將它與古希臘蘇格拉底的言說方式作一對比。蘇格拉底常被譽為「西方的孔子」，而且與孔子一樣，也沒有留下自己親自撰寫的著作，而只有由弟子們所記述的言論；在孔子，這是由於他「述而不作」，在蘇格拉底則是由於，他認為自己的使命是通過談話啓發人們去關心和思考眞理，追求智慧；兩人都以口頭對話的形式闡述了自己的思想，且都把關注的重點集中于倫理道德問題，但他們不論是在倫理道德的內容還是在對話的方式上都有極大的區別。本文擬只就他們對話的言說方式來作一比較。

一、言說的標準問題

　　任何言說，如果要人有所獲的話，都必須要有標準。孔子和蘇格拉底可說是中西方傳統言說標準的確立者。然而，蘇格拉底把言說的標準最終確立於言說本身，孔子則把言說標準放在言說之外，從而最終取消了言說的標準。

　　拿蘇格拉底的一篇著名的討論美德的對話〈美諾篇〉來說，蘇格拉底在與美諾的討論中總結出了這樣一條規則：「一條原則如果有某種正確性，它不應該只是此刻，而應該永遠是站得穩的」❶。如何才能「永遠站得穩」呢？蘇格拉底主張，應當拋棄「任何一個用未經解釋或未經承認的名辭來說明的答案」❷。例如「美德」，如果我們要談論它，首先要解決的一個問題就是：「什麼是美德？」而不是「美德是否可教？」（或「美德是如何樣的？」）因為，「當我對任何東西，不知道它是『什麼』時，如何能知道它的『如何』呢？如果我對美諾什麼都不知道，那麼我怎麼能說他是漂亮的還是不漂亮的，是富有的而且高貴的，還是不富有不高貴的呢？」❸也就是說，蘇格拉底非常注重言說本身的邏輯層次，在言說中所使用的任何概念都必須建立在這概念的明確和嚴格的「定義」之上，否則一切描述都無以生根。這種要求是言說本身的要求，而與所言說的對象或

---

❶　《古希臘羅馬哲學》，北大哲學系編，商務印書館一九八二年版，頁167。
❷　同上，頁162。
❸　同上，頁152。

內容無關。就是說，即使你言說的內容再好，如果不遵守這一原則，只會連自己也不知道自己說出來的是什麼，或者是陷入自相矛盾，這正是美諾在與蘇格拉底討論時語無倫次、處處被動的原因。蘇格拉底提出的這一原則，也是後來亞裏士多德建立形式邏輯的同一律和不矛盾律、並將「實體」作為最基本的「是」本身（即「作為有的有」）置於言說的首要地位的根據。在亞裏士多德那裏，這一形式邏輯的原則同時也是本體論的原則，或者說，言說的原則就是存在的原則，什麼東西是最基本的存在，什麼東西就是最根本的言說；蘇格拉底雖未進到這一層，但他為言說規則的「本體論化」即客觀化提供了前提：在他那裏，言說的規則是不以人的好惡為轉移的客觀規則，不是人說語言，而是語言說人。

　　所以，當美諾回答蘇格拉底「什麼是美德」的問題說，美德就是男人懂得治理國家，女人善於管理家務等等時，蘇格拉底諷刺他說：「當我只問你一種美德時，你就把你所留著的一窩美德都給我端出來了」，並開導他道：美德「不論它們有多少種，而且如何不同，它們都有一種使它們成為美德的共同本性；而要回答什麼是美德這一問題的人，最好是著眼於這種共同本性」❹。這就意味著，在回答「什麼是美德」這個問題時，必須提出一個具有普遍性的本質定義，也就是這個「什麼」必須是一個適用於美德的一切場合的概念，而不僅僅是美德的一個實例（「部分的美德」）。這樣，蘇格拉底引導著美諾一步步推導，先是撇開感性經驗的具體例子，然後剔除了那些僅僅構成美德概念的一部分的概念（正義、勇敢等等），直到推

---

❹　《古希臘羅馬哲學》，頁153。

出美德是一種「知識」，即美德的「種」（本質）。「知識」的概念是一個不在「美德」概念之下，而是在它之上，因而可以用來給美德歸類、使之得到更高的規定和理解的概念。當然，後來亞裏士多德把定義的規則規定爲「種加屬差」，即不但要知道美德是「一種」知識，還要知道它是一種「什麼」知識，而且這個「什麼」還必須是最近的屬差，所以「定義」就是「正位」；蘇格拉底還未意識到這一點，他所做到的只是使思想擺脫具體經驗的束縛而上升到邏輯的（合乎理性的）言說，但這正是最困難的一步。由此就形成了西方思維對任何一個概念尋根究底進行追溯的理性傳統。

現在我們來看看《論語》。孔子在《論語》中與弟子們討論的最重要的一個問題就是「仁」的問題，「仁」也是孔子思想的核心。然而，這些討論全都是建立在未給「仁」下一個明確定義的前提下的。談話中，弟子們向孔子「問仁」共有七次，每次都各不相同。現論列如下。

1.顏淵問仁❺

可以看出，《論語》中凡「問仁」、「問政」、「問君子」等等的意思，都不限於問「什麼是仁」、「什麼是政」、「什麼是君子」，而是籠統地「問關於仁、政、君子等方面的事」，這樣我們才能理解孔子對這些提問的回答爲什麼那麼多種多樣，且把不同層次的事情放在一起。孔子對顏淵的回答有三句話，代表三個不同的層次。⑴「克己復禮爲仁」，這一命題類似於美諾對「什麼是美德」

---

❺ 《論語》〈顏淵〉。

的問答，即「男人的美德是治理國家」；但美諾還有一種想要進行歸納的意向，因此他還列舉了女人、老人、奴隸等等其他一些他所能想到的美德，孔子卻連這種欲望都沒有，只舉了「克己復禮」一例（別的例子他要留著對別的人講）。⑵「一日克己復禮，天下歸仁焉」，這一命題講的是克己復禮與天下、仁三者之間的關係。從「一日」來看，這是一個全稱假言命題，前提和結論之間有種必然性，但結論卻並不是「仁」，而是「天下歸仁」，即天下的人都會稱許你是仁人❻。它所針對的問題已不是「什麼是仁」，而是「怎樣才能使天下歸仁」了。⑶「爲仁由己，而由人乎哉？」這是第三個層次，談的是「爲仁」（即仁的行爲）的根據，它回答的是「實踐仁單憑自己，還是也要靠別人？」這一問題。上述三個層次當然還是有聯繫的，它們就像一個德高望重的老者對年輕人說：你們要克己復禮啊！克己復禮做到了，人家都會說你們是仁厚之人呢！只要你們想做，這是不難的啊！換言之，如果連貫起來看，這些話後面包含的意思是勸說，而不是證明。勸說也是有一個內在的標準的，但它不體現在言說本身上，而是包藏在一問一答的意思中，這就是：想要做到仁，或想成爲一個仁人。「問仁」本身就意味著：想要仁，而問怎麼做？沒有這個前提，對話根本就形成不起來。孔子的教導只對於那些想要成爲一個「仁人」（君子）的人才有意義，對那些甘做「小人」的人則不存在對話的基礎。

　　顏淵聽了以上回答還不滿足，於是「請問其目」，即具體實施

---

❻　據楊伯峻《論語譯注》，中華書局，一九八八年。但其他的解釋並不影響這裏的結論。

辦法。孔子說：「非禮勿視，非禮勿聽，非禮勿言，非禮勿動」，把視、聽、言、動都落在一個「禮」字上。但問題是，他為什麼不說「非禮勿想」？「想」難道不是一切視聽言動的出發點嗎？回答只能是，非禮勿想是用不著說出來的前提，如果連這點都還有疑問，那就不用說什麼了，要說也只有「鳴鼓而攻之」或罵人了。《論語》中很多地方都是以罵人告終，如「不仁」、「小人」、「德之賊」等等。不過，雖然「想要仁」是一切對話的潛在的標準，它卻不可能成為討論的對象❼。言說的標準是有的，但它不進入言說之中，而是在言說之外；它不受言說的檢驗，而是言說的前提；它是每個談話的人預先默認的，並在談話中時刻認可的。

2.仲弓問仁❽

回答仍然是三個層次：「出門如見大賓，使民如承大祭」，這是指外部表現出來的舉止；「己所不欲，勿施於人」，這是指主觀對客觀（他人）的態度；「在邦無怨，在家無怨」，這是指內心的心情。前面的分析也完全適用於此，即：(1)沒有給「仁是什麼」下一個定義，只是描述了仁在不同場合下所表現出來的特徵和標誌；(2)沒有指出這些特徵和標誌哪一個是本質性的，儘管「己所不欲勿施於人」比起其他兩條來重要得多，唯有它是「有一言而可以終身行之者」❾，但孔子卻將這三條作為「一窩」仁端給了仲弓。

---

❼ 「我欲仁斯仁至矣」不是討論我怎麼會「欲仁」，或是否應該「欲仁」，而是講我一旦欲仁了就會怎麼樣。

❽ 《論語》〈顏淵〉。

❾ 《論語》〈衛靈公〉。

3.司馬牛問仁❿

回答只有一句話：「仁者，其言也訒」。司馬牛正當地發問道：「其言也訒，斯謂之仁已乎？」也就是說，難道只要言語遲鈍就可以說是仁了嗎？意思是對這一命題的周延性提出疑問。孔子的回答則是答非所問：「為之難，言之得無訒乎？」人家問的是：難道凡是言語遲鈍的人都是仁人嗎？孔子卻答道，做起來不容易，言語當然就遲鈍了。撇開這種驢唇不對馬嘴不談，孔子這句話本身也是經不起推敲的，說時容易做時難、或做起來並不難但說不清楚的事太多了。注者說孔子這是針對司馬牛多嘴的缺點而說的，但人家問的是「仁」，而不是什麼別的小事情，怎麼能把「多嘴」隨意上綱到如此高度？可見這裏表面上是一種對話，實質上是一番教訓，是很不容分說的。

4.樊遲問仁有三次

每次得到不同的回答。第一次是在《論語》〈顏淵〉中，孔子的回答最短，只有兩個字：「愛人」。但這未免太簡單了，愛什麼「人」，如何「愛」，都沒有交代。孔子顯然並不主張不分彼此地愛一切人（如墨子的「兼愛」），他還說過「惡不仁者，其為仁矣，不使不仁者加乎其身」❶。所以「愛人」作為仁，遠不是蘇格拉底所謂「永遠站得穩」的普遍原則，為了「不使不仁者加乎其身」，仁者

---

❿　《論語》〈顏淵〉。
❶　《論語》〈里仁〉。

也可以惡人、恨人，甚至「食肉寢皮」也是可能的。

5.樊遲第二次問仁的答覆是：

「仁者先難而後獲，可謂仁矣」⓬。有人猜測樊遲害怕力行，想不勞而獲，因而孔子敲打他。這與孔子教訓司馬牛的情況類似。

6.樊遲第三次問仁是在《論語》〈子路〉中

此人受教育有癮了，雖然孔子並不喜歡他，還罵過他「小人」。這次孔子多說了兩句：「居處恭，執事敬，與人忠，雖之夷狄，不可棄也」。前三句沒有什麼新意，最後強調到了外國也不可放棄，是否暗指樊遲朝三暮四，不能堅持，這只有他們兩人知道。《論語》中很多對話都是要根據當時的具體情況來領會的，時過境遷，留下來的文字就成了啞謎。

7.子張問仁⓭

答以「恭寬信敏惠」，「能行五者於天下，為仁矣」。他還解釋說，恭則不受侮辱，寬則得人擁護，信則被人任用，敏則有功勞，惠則能夠使喚人。這些當然都是些好東西，但子張問的是「仁」，而不是什麼是好東西，這些解釋使人感覺離題萬里。如果把「仁」定義為「有用的品質」，這些說法自毫無疑問。可惜並沒有這樣的定義，更何況孔子決不會贊同這種與「利」結合得太緊的定義。孔

⓬　《論語》〈雍也〉。

⓭　《論語》〈陽貨〉。

子眞正所想的也許並不是這些好品質的實際效果，而是把子張看作「言必信，行必果」的「小人」❶了，因此才以小人能理解的語言來引導他。但這樣隨著他人的需要和具體的情況不同而隨時改變「仁」的言說的做法，不是太無標準了嗎？孔子的標準始終在他自己的內心，一切說出來的標準都是相對的，不確定的，不可依靠的，也許只有當時面對面的兩個對話者（「我」與「你」）能夠領會，一旦當事人去世，就只好由後人任意解釋了。中國古代哲學文獻中，這種情況幾乎成爲通例。

　　當然，《論語》中也有說得比較明確的話，其中最重要的有兩句，一是〈雍也〉中說的：「夫仁者，己欲立而立人，己欲達而達人」；一是〈學而〉中有子概括的：「孝弟也者，其爲仁之本歟！」前者有人認爲是孔子所定仁之「界說」（即定義）❶張先生說：「以此爲界說，以觀《論語》言仁各條，則無有不通，且各顯深義。」；後者亦被人稱爲仁的「基礎」和「標準」❶。前者是以己所欲而立人達人，是「己所不欲勿施於人」的相反說法，但究其根據，無非是「愛人」；但愛人有差等，所以又要以「孝弟」爲標準，可見前一句話最終要本於後一句話，即親親之愛、孝弟才是眞正的「爲仁之本」。離開了孝弟，則並不是什麼人都該愛，什麼人都該立和達的。然而，是否一旦孝弟了，「愛人」或立人達人就自然成立了呢？未必。孔子主張即使父親偷了別人的羊，也得「父爲子隱，子爲父隱」

---

❶　《論語》〈子路〉。

❶　見張岱年：《中國哲學大綱》，中國社會科學出版社，一九八〇年版，頁256-257。

❶　見李澤厚：《中國古代思想史論》，人民出版社，一九八六年版，頁18。

❼；可是，一旦在這種情況下爲盡孝道而和別人打將起來，如何還談得上「愛人」？有子的孝弟爲本是針對著消除「犯上作亂」而言的，並沒有把它當作一個普遍適用的「愛人」原則，這算是比較明智的。但這樣一來，孔子所理解的「仁」從根本上就不是一個普遍的人性標準，而是一個引起家族紛爭的相對原則，也就昭然若揭了；它在實際的社會生活中必然導致對一個最高家長即專制君主的絕對需要，在言說方式中則導致話語權威，即以一己之欲強以立人達人，而這一己之欲的相對的話語標準卻始終隱沒在話語背後，這就使整個言說從語言本身的角度來看顯得無章可循，毫無標準了。

二、對話的性質問題

蘇格拉底的言論大都以對話的形式流傳下來，孔子的《論語》中也有不少的對話。但究其實質而言，只有蘇格拉底的對話才真正具有對話的性質，孔子的對話其實並不是真正的對話，而是類似於「教義問答」的權威話語和獨白，問者所起的作用只是提起話頭和等待教導。與孔子在對話中的「誨人不倦」❽的「答疑解惑者」形象不同，蘇格拉底在對話中多半是以提問者的身分出現，他的對手才是問題的解釋者和回答者；但全部對話的靈魂恰好是提問者而不是回答者，是針對回答的提問才使問題變得更清楚了。然而，蘇格拉底並不以全知者自居，他說：「我知道我是沒有智慧的，不論大小

---

❼ 《論語》〈子路〉。
❽ 《論語》〈述而〉。

都沒有」❾，這不是過分自謙，而是他的眞實想法。因此他有一種開放的心態，即他只提問，讓對方自由地回答。所以在對話中並沒有任何預設的前提，雙方都是自由的，一個問題將引出什麼樣的回答並不是預先策劃好的，而是臨場發揮的，只有話語本身的邏輯在把言談導向某個越來越清晰的方向，因而雖然自由交談，卻也不是隨意散漫的。蘇格拉底相信，話語有其自身的標準（邏各斯），但這標準不是他所獨有的，而是人人固有的理性，這理性即使是他自己一個人所發現和自覺到的，也要由別人嘴裏說出的話語來證實其普遍性。所以蘇格拉底從來不強迫人家相信自己的判斷，而總是誘導別人自己自願地說出他所想說而暫時不說的話；這種暫時不說並不是預設的前提，而是對自己想說的話的存疑和對別人自由的等待，只有當別人自由地說出了他所想說的話，這話語的普遍性才能得到確立；反之，若把別人置於不自由的、被動受教的地位，即算別人承認你說得對，這話語的普遍性也是永遠得不到證實的。蘇格拉底把自己的這種方法稱之爲精神的「助產術」，正是這個意思。助產婆只能幫助孕婦生孩子，而不能代替她生孩子。

與此相反，孔子雖然並不認爲自己「生而知之」，而是「學而知之」，但在對話中，他是以「學成者」的身分高居於他人之上的，儘管還要「學而時習之」❿，但總的來講那已是過去的事了，所以他自述「吾十有五而志於學，三十而立，四十而不惑，五十而知天命，

---

❾　《古希臘羅馬哲學》，頁145-146。

❿　《論語》〈學而〉。

六十而耳順，七十而從心所欲，不逾矩」❷。面對學生，凡是需要知道的他全知，凡是他不知道的則是不必知道的。他許多次說自己「不知」，但這要麼是一種迴避作答的方式（如〈八佾〉中對「或問禘之說」答以「不知也」），要麼只不過是否定態度的一種委婉（巧滑）的表達，實際上早已下了斷語（如〈公冶長〉中對冉雍、子路、冉求、公西赤、陳子文等人判爲「不知其仁」，或「未知，焉得仁？」）。他教導學生說：「誨女知之乎！知之爲知之，不知爲不知，是知也」❷，但至少他認爲自己所知的那一點是不可懷疑的，必須「篤信好學，守死善道」❷，卻從未考慮過是否會有自以爲知其實卻並不知的情況，後面這種情況正是蘇格拉底對自己的知和那些號稱有知識的人（「智者」）的知都抱懷疑態度的根本原因；所以孔子的「知其不知」與蘇格拉底的「自知其無知」本質上是完全不同的，後者是對自己已有的知的一種反思態度，它導致把對話當作雙方一起探求眞知識的過程，前者則把對話看作傳授已知知識的場所。孔子對自己也不知的東西的確是坦然承認的，但那只是因爲他不認爲這些知識是必須的。他說：「吾有知乎哉？無知也。有鄙夫問於我，空空如也，我叩其兩端而竭焉」❷，一般「鄙夫」之知是不用學的，只須從君子的立場「叩其兩端」即可窮盡其理。例如，樊遲請學稼、學爲圃，孔子說自己不如老農老圃，然後說：「小人哉，樊須也！上好禮，則民莫敢不敬；上好義，則民莫敢不服；上好信，則民莫敢不用情。夫如是，則四方之

---

❷　《論語》〈爲政〉。

❷　《論語》〈爲政〉。

❷　《論語》〈泰伯〉。

❷　《論語》〈子罕〉。

民繈負其子而至矣，焉用稼？」㉕這就叫「叩其兩端」（即「上」「下」兩端）。

　　所以，蘇格拉底在談話中專門找那些自以爲有知識的人提問，揭示其矛盾，打破他們的自滿自足，啓發他們意識到自己的無知和膚淺，從而致力於知識的進一步深化；反之，孔子則是「不憤不啓，不悱不發」，即不到學生想求明白而不得的時候，不去開導他；不到他想説而説不出的時候，不去啓發他㉖。人家有疑問來請教，這正是佔領話語制高點的好機會，所以朱熹注云「待其誠至而後告之」。常聽人説到一個悖論：沒有誠心是進入不了中國傳統文化的，但有了誠心又跳不出中國傳統文化，結論是中國傳統文化不可認知（只可信奉）。想必這一悖論自孔子已經開始了，他是絕對說服不了像美諾和智者派那樣一些自以爲是、既不「憤」也不「悱」的聰明人的，只能成爲那些腦子不太開竅的人的精神領袖。而一旦成爲精神領袖，則可以對他人任意褒貶評點，成爲類似於上帝那樣的「知人心者」，所以「唯仁者能好人，能惡人」㉗。所有弟子的優點缺點均在他一人掌握之中，誰將來能做什麼、不能做什麼也都被他所預見。這就是爲什麼孔子雖然極其謙虛，但他的對話總使人感到一種不平等，一種精神上的居高臨下，即使有些話毫無邏輯性也不容辯駁的原因。

㉕　《論語》〈子路〉。

㉖　《論語》〈述而〉，注引楊伯峻《論語譯注》。

㉗　《論語》〈里仁〉。

三、討論的效果問題

蘇格拉底在對話中，雖然執著於一個明確的目的，這就是要找到一個事物的「定義」，但他也知道這不是那麼容易的事，他自己心中預先並無定數（所以才「自知其無知」），唯有依靠自己的理性和「辯證法」去不斷地有所發現。例如在〈大希庇阿斯篇〉中討論「美是什麼」的問題，最後的結論竟然是「美是難的」。不過討論並沒有白費，雖然還不知道美是什麼，但畢竟知道了美「不是什麼」，思維層次有了很大的提高，而這正是蘇格拉底真正想要達到的。又如在〈普羅塔哥拉篇〉中關於美德是否可教的問題，雙方在討論中都從自己本來所持的立場不知不覺地轉向了持對方的立場，頗具喜劇性，最後也沒有結論，蘇格拉底說對這個問題還需要進一步研討❷❽。但毫無疑問，在這種開放式的討論中，不但討論雙方的思維水平已不是討論前的水平了，而且所討論的問題的內在複雜性、微妙性也暴露出來了，這就給後人沿著思維已指出的方向繼續深入提供了極寶貴的啓發。

相比之下，孔子的對話看重的只是結論，而完全不重視反複的辯難，一般是一問一答爲一小節，少有兩個以上來回的，即使有，也不是針對同一個問題，更不是貫穿一條思路。孔子說「溫故而知新」，「學而不思則罔，思而不學則殆」❷❾，又說「吾道一以貫之」

---

❷❽　見汪子嵩等：《希臘哲學史》第二卷，人民出版社，一九九三年，頁474。
❷❾　《論語》〈爲政〉。

❸⓪；但他是如何由故而「知」新的，他的「思」的思路究竟如何，他又是怎樣用他的「道」來貫穿他所有那些論點的，卻從來不曾交待。我們只能認為，他的「知」、「思」和「道」都只不過是一種內心的體會，所能說出來的只是結論，而不是過程。

　　所以，《論語》是中國傳統官樣文章中泛濫成災的「要字句」的始作俑者。所謂「要字句」，用今天的話來說，就是「我們要……」的句式，有時不一定包含「我們」，常常連「要」字也省掉了，但意思每個中國人都懂。但西方人就不一定懂了，他們只可能將它看作「無人稱句」，但西文無人稱句不含「要」的意思，因此他們往往抱怨這種句子沒有主語。隨便舉一例：「見賢思齊焉，見不賢而內自省也」❸①，前面加上「我們要」三字（或只加「要」字），亦通。又如「先行其言而後從之」❸②，「志於道，據於德，依於仁，遊於藝」❸③等等，不勝枚舉。在「要字句」中，「為什麼要」是不能問的，一問你就成了異端，「攻乎異端，斯害也已」❸④，因此這是一種權力話語。

　　那麼，一介儒生，權力從何而來？來自道德上的制高點，而道德制高點又是基於自己情感上的自信，即相信自己的情感合乎自然情理（天道）。如宰我（予）對孔子說守三年父母之喪太久了，許多該做的事都荒廢了，孔子問他：「食夫稻，衣夫錦，于女安乎？」

---

❸⓪　《論語》〈里仁〉。

❸①　《論語》〈里仁〉。

❸②　《論語》〈為政〉。

❸③　《論語》〈述而〉。

❸④　《論語》〈為政〉。

答曰：「安。」孔子就冒火了：「女安，則爲之！夫君子之居喪，食旨不甘，聞樂不樂，居處不安，故不爲也。今女安，則爲之！」宰我走後，孔子罵他「不仁」，說「子生三年，然後免于父母之懷。夫三年之喪，天下之通喪也，予也有三年之愛于其父母乎！」父母抱大他到三歲，所以父母死後就要守三年之喪，如果當作一種定量化的推理來看這的確是很可笑的，哪裏有什麼道理；但能夠想到這個類比並說出來的人顯然表明了他的情感的深切篤實，自然就有資格訓人了。幸好沒有人來和孔子競爭說父母養你到十八歲，因此要守喪十八年，因爲這畢竟只是一種權力話語，而不是眞正的權力。不過，一旦和眞正的權力掛上勾，就難說會出現什麼荒唐事了（如文革中大家競相表「忠心」）。所以，對話中對權力話語的爭奪實質上是一場情感的表白和比賽，其結果就是寫有「忠孝」二字的大獎盃。

因此，從歷史上看，蘇格拉底和孔子的兩種不同的對話其效應也是極不相同的。前者造成了西方哲學史上從自然哲學向精神哲學的大轉折，刺激了後來柏拉圖、亞裏士多德等人超越蘇格拉底而建立起龐大的唯心主義體系；後者則樹立了無人能夠超越的「大成至聖先師」，只能爲後人「仰止」和不斷地體會、學習。中國傳統思維方式和言說方式從此便進入到了一個自我循環、原地轉圈的框架之中，儘管內容上還有所發展和充實，形式上卻兩千多年一仍舊制，幾無變化，直到「五四」新文化運動才開始有了初步的鬆動。

第十章　從眞理標準討論到建構馬克思主義哲學的當代形態
——面向廿一世紀的中國哲學發展戰略構想

歐陽康

　　二十年前在我國思想理論界轟轟烈烈開展的關於「實踐是檢驗認識眞理性的唯一標準」的大討論，不僅爲全黨全民的思想解放和重新確立實事求是的思想路線提供了哲學依據，爲黨的十一屆三中全會的召開奠定了堅實的哲學理論基礎，也爲哲學自身的自我反思和自我發展提供了正確的外部參照系統和強勁的動力，促使了我國馬克思主義哲學研究的視角轉換和觀念變革。二十年來，我國的馬克思主義哲學研究依傍著改革開放和中國特色社會主義現代化建設事業的發展，依託著當代人類實踐、科學和哲學的巨大成就，得到了前所未有的發展，取得了極爲豐碩的成果。以至今日，我們有必要也有可能在回顧總結二十年來以至本世紀以來思想文化和理論成

果的基礎上，面向二十一世紀，研究我國哲學發展戰略，建構馬克思主義哲學的當代形態。本文提出筆者的初步構想，向識者討教。

一、二十年來哲學發展的思想軌迹及其啓示

在一九八八年全國高校紀念黨的十一屆三中全會理論討論會上，我提交了一篇學術論文，題目是「從實踐標準的探討到實踐唯物主義的建構——十年來哲學發展的思想軌迹及其啓示」。該文認爲眞理標準討論在當時具有雙重目標，這就是在哲學上批判絕對眞理論和天才論，在政治上批判「兩個凡是」個人迷信及相應的政治意識和政策等。相應地，眞理標準討論也達到了雙重目的。在社會政治方面，爲全黨全民擺脫「兩個凡是」的思想禁錮，破除關於毛澤東的現代迷信和現代神話，批判和清除「文化大革命」的錯誤，確立正確的思想政治路線鳴鑼開道，爲中華民族自覺從事社會政治變革，迅速加入世界現代化進程起了思想奠基的作用。在哲學方面，它直接地是恢復和強調了實踐在檢驗思想觀念的眞理性方面的權威性，更深層和更重要的則在於爲馬克思主義哲學反思自身提供了一個科學的參照系統，進而引起了馬克思主義哲學觀的變革，提出了發展馬克思主義哲學的緊迫任務，開始了馬克思主義哲學向著學術化、科學化方向發展的新階段。該文認爲，十年中哲學變革和發展的主要動因在於哲學家的主體意識和哲學精神的恢復和強化，哲學家們批判性地審視和更新了原有的哲學觀念、哲學概念、哲學命題，創制和運用了一批新的哲學研究方法，開展了對哲學學的深入研

究，開拓了一批新的研究領域，進行了對哲學體系的改造和新體系的建構。在十年的哲學發展中，以對人的主體性的關注爲軸心，以馬克思主義作爲實踐的唯物主義的探討爲重點，以對各分支哲學的深入探析爲標誌，以哲學體系的整體建構爲統攝，馬克思主義哲學經歷了由分到總、由靜向動的全面反省和探索過程，取得了極爲豐碩的思想理論成果。正是在此基礎上，馬克思主義哲學在一九七八年以來的第二個十年裏繼續有所開拓和發展。

自一九八八年以來，我黨我國人民經受了一九八九年前後的蘇聯東歐劇變和我國的政治風波的考驗，在思想上政治上更加成熟和穩健。鄧小平同志一九九二年的南巡講話，促使了全黨全國人民的又一次思想大解放，再次重申了解放思想、實事求是、一切從實際出發的思想路線，爲黨的十四大召開奠定了思想理論基礎，其在當代中國思想政治發展史上的特殊地位和作用，可與當年的眞理標準相比美。如果說黨的十一屆三中全會確立黨在社會主義初級階段的基本路線，確立社會主義經濟建設爲全黨全國工作的中心，堅持四項基本原則，堅持改革開放，從思想政治上解決了中國社會向著現代化發展的基本方向，則黨的十四大決定建立和發展社會主義市場經濟，才從經濟運行體制上解決了當代中國如何實際地進入世界經濟貿易體系，進入到全球一體化的歷史進程的問題。它不僅意味著社會主義觀念的一次重大更新，也是中國特色社會主義現代化建設的關鍵一步。

二十年來全黨全軍和全國人民精神生活中最重大的思想理論成果，便是鄧小平理論的蘊釀、形成並被確立爲中國共產黨的指導思想和理論基礎。鄧小平理論代表著中華民族自我意識的時代性昇

華，是馬克思主義在當代中國發展的全新階段，也是世界共產主義理論和社會主義運動發展的全新形態，並將對人類文明的未來發展發生極爲深刻而久遠的影響。

正是依託於中國社會經濟政治文化生活的迅速變革及所取得的積極成果，馬克思主義哲學研究在這第二個十年得到了進一步的發展，其突出表現是其世界化、民族化與個性化進程得到明顯加強。

馬克思主義哲學研究的世界化主要指哲學工作者的全球意識和世界意識得到了進一步的張揚和提升。一方面更加自覺地面向當代世界人類實踐和科學的最新成就，積極地探索當代人類所面臨的各種形式和類別的「全球問題」、「發展困境」等，從中獲取發展自身的思想材料和豐富資源。另一方面更加自覺地與當代世界各種哲學流派開展交流與對話，批判地吸收其積極成果，揚棄和克服其不足，從而在思想上保持和發揚了自己的超越性和主導性。馬克思主義哲學研究的民族化指哲學研究的民族意識得到進一步的張揚和提升。一方面更加自覺地把馬克思主義哲學研究與發掘和弘揚中國傳統文化精華更加自覺地結合起來，從中國傳統思想文化中發掘優秀民族文化資源，另一方面使馬克思主義哲學更加貼近和深入中國的社會主義現代化建設實踐，從億萬人民的現實生活和生產實踐中尋找和創造中國馬克思主義哲學的民族形式和民族內容，使之具有更爲堅實的中國文化基礎和民族形式。正是在這個過程中，馬克思主義哲學也在中國傳統文化的現代化過程中發揮出更加積極的作用。

馬克思主義哲學研究的個性化指哲學研究的個性意識和特色意識得到進一步的提升和張揚。學者們一方面在對普遍性哲學問題的探索中努力保持和強化自己的觀察和分析問題的獨特視角和研究思

路，形成自己的獨到見解，使得研究不斷深化，造成一種在同一問題上「百家爭鳴」的局面，另一方面則不斷發現新問題，開拓新領域，建構新學科，創造新學派，形成一個在哲學論壇中「百花齊放」的多樣化發展局面。

正是在這樣一個世界化、民族化、個性化之間相互促進、互補發展的過程中，我國的馬克思主義哲學研究取得長足的進步，爲我們今天從總體上探索和建構馬克思主義哲學的當代形態奠定了基礎，創造了條件。

哲學形態是哲學的理論內容與形式結構的動態有機統一。特定哲學以其理論形式凝煉和提升當時的時代精神，融成具有時代特色的哲學形態，並隨時代的變遷和哲學思維的發展而處於動態演進歷程之中。探索和建構馬克思主義哲學的當代形態，從思想方面來看，可以也有必要從以下方面具體展開。

二、立足大實踐和大科學，以哲學方式把握人與世界關係及其當代特點

馬克思主義哲學是現時代時代精神的精華。當代世界的時代精神正是深深地蘊含在當代實踐和當代科學之中。實踐和科學是人處理自身與世界關係的兩個最基本層次或兩種最基本形式，也是研究和發展馬克思主義哲學的最重要的對象性前提和現實基礎。當代人類實踐和科學在深度分化的基礎上高度綜合，形成了具有鮮明時代特色的全球性大實踐和大科學。這裏所說的「大」，不僅是空間意義上的，指規模大、範圍寬、面積廣；也是結構方面的，指層次細、

形式多、分支繁、包容性強；還是功能方面的，指效應廣、影響大、綜合性強等。（參見陶德麟、歐陽康：《馬克思主義哲學的當代視野》，《武漢大學學報》，一九九五年第二期）。

　　在實踐層面上，人與自然關係在全球範圍內的對立與和諧，在人與社會關係上歷史向世界歷史的轉變，人性異化演變成具有全球影響的個性問題，形成在全球問題與個性問題之間保持張力的當代大實踐體系。哲學地關心和研究當代大實踐，一方面要將發展著的實踐中的問題提出和提升爲哲學問題，並以哲學的方式來加以研究和處理，使實踐問題得到哲學的解釋，並由此而達到對於實踐發展的哲學把握；另一方面要將從實踐中提升出的新的哲學問題納入到哲學實踐論之中並使之得到充實、調整和發展，形成具有時代特色的大實踐觀，使其反映和指導實踐的勢能得到提高，並能夠在以哲學方式幫助人們更好地從事實踐方面發揮更大功能。爲此，我們不僅要關心當代大實踐的正面的和積極的一面，即全球發展、全球協作、全球效應，也要關心其負面和消極的一面，即全球困境、全球危機、全球制約的一面，要重新反省和評價近代工業技術文明和經典自然科學所實際依據的人與自然關係理論，在人的自然化與自然的人化的雙向運動中建立人與自然在全球範圍持續和諧發展的理論。我們不僅要看到當代人類活動所具有的世界化、全球化、整體化、一體化的方面，還要看到其中分散化、多樣化、多元化、民族化、個性化的方面，正確認識和處理和平與對抗、改革與發展、傳統與現代的關係，處理好發展人的類特性和保護人的個性的關係，促使理性與非理性的和諧與統一，促使人性的合理實現和發展，揭示當代大實踐的發展動力和主體性前提。在此基礎上建立起具有時

代特色的大實踐觀並使之成爲馬克思主義哲學當代形態的重要內容。

　　在科學層面上，當代科學的特點是由過去自然科學一花獨放，到人文科學、社會科學逐漸分化出來並迅速成長起來，走到科學前沿，形成包含自然科學、人文科學和社會科學在內的當代大科學體系。科學的發展一方面反映著又引導著實踐的進步，另一方面又必然推動哲學的發展。馬克思主義哲學對於當代大科學的關注也有雙重的目的和任務。一方面要根據當代科學的實際發展來更新和充實自己對於科學的理解和解釋，建立、完善和發展自己的大科學觀，另一方面提升和概括當代科學的哲學意蘊，並以此來充實和更新自己的哲學內容，完善和發展自己的哲學形態，在此基礎上發揮哲學思維對於科學研究和科學發現的指導功能。哲學地關注當代大科學，不僅要看到其深度分化的趨向，即科學研究向著專門化、精細化、微觀化的方向發展，形成了多方面、多層次的龐大複雜的現代科學體系，也要看到其高度綜合的一面，即各門具體科學研究之間相互交叉、滲透、移植，產生出許多交叉學科、邊緣學科、橫斷學科，要在深度分化與高度綜合的統一中把握當代大科學的現代走向。我們不僅要看到當代科學對於促進社會生產、提高社會生活的積極功能，即主體性效應方面，還應看到科學的限度及其不合理使用給人類的生存和發展可能帶來的消極功能，即反主體性效應方面，以哲學的方式促使當代科學的健康發展和合理應用。

三、放眼當代世界哲學，把握和促進人類哲學思維的未來發展

　　建構馬克思主義哲學的當代型態不僅必須立足於當代大實踐和大科學，還必須依託於當代大哲學。哲學的發展具有總體性和全局性，是人類性與個體性、世界性與民族性的有機統一。正如中國的改革開放和社會主義現代化建設只有加入世界現代化的宏大歷史進程才能實質性地展開一樣，馬克思主義哲學的當代發展更不能脫離人類文明的總體進程，更離不開世界哲學發展的宏觀背景。當代實踐和當代科學各自的深度分化與高度綜合，客觀要求也實際地促進了當代哲學的深度分化與高度綜合，改變了當代馬克思主義的哲學背景和哲學基礎。我們必須從根本上改變忽視甚至拒斥當代西方哲學的態度和作法，把非馬克思主義哲學及其研究成果納入馬克思主義哲學的當代視野，作為建構馬克思主義哲學當代形態的重要思想資源。當代哲學的深度分化即哲學內部和哲學與非哲學之間以越來越具體的方式聯繫起來，從而產生出越來越多的新的分支哲學，使當代西方哲學表現出主題分化和個性強化的發展趨向。當代哲學的高度綜合則是隨著當代人類實踐的全球化和科學的一體化發展，各種哲學流派之間的交織與互滲日益增強，哲學規範的通約和轉換渠道增加，哲學方法的互鑒互通增強，人類哲學思維在分化和多樣化的基礎上向著整體化方向發展。正是在這種總趨勢下，一方面是古老的自然哲學、社會歷史哲學、人的哲學、宗教哲學和道德哲學等傳統分支哲學都在與當代實踐和當代科學的撞擊中探尋著自己的當

代命運和當代意義，獲得了新的理論內容和理論形態，另一方面是實踐問題、語言問題、思維問題、邏輯問題、符號問題、價值問題、意義問題、生態問題、理解問題、解釋問題、情感問題、女權問題等更加鮮明地凸現出來，形成一系列具有新的當代特色的分支哲學。從而成爲馬克思主義哲學與當代西方哲學之間的新的結合點，成爲探索和建構馬克思主義哲學當代形態的新的問題群和新的生長點。

　　批判地吸收中國傳統哲學的優秀思想資源對於中國的馬克思主義哲學研究具有不可替代的基礎性作用。哲學既是自己時代精神的精華，又是在以往的傳統哲學的基礎上發展起來的。中國傳統哲學是一個十分浩瀚的精神世界，經過近三千年的綿延和發展形成了包含多種學派和思潮的十分龐大和複雜的思想體系。中國哲學的最大特點是對外關注天人關係、群己關係、人我關係，對內關注知行關係、理欲關係、義利關係等，注重對人自身的整體把握，強調人與自然、人與社會、人與人的和諧統一。中國優秀思想家們歷來強調知識與德性、理智與情感、認識與行動、理性與信仰、法度與自由、責任與道德、權利與義務等的統一，主張仁智雙彰、美善相樂、德才兼備，講中庸、講仁義、講和諧、講禮儀、講統一、講內省，重視人格修煉、道德崇高，尋求智、眞、善、美的有機和諧統一。這些思想中的某些內容儘管帶著中國漫長封建專制文化的歷史痕迹，有其消極的方面，但如能正確揚棄其所具有的歷史侷限，在新的時代條件下加以提煉和闡發，納入到新的思想文化體系之中，並成爲現代中國文化的有機內容，則必然爲馬克思主義哲學形態的當代建構提供極爲寶貴而豐富的思想材料。

四、全面反思馬克思主義哲學的科學本性，綜合把握馬克思主義哲學的基本規定

馬克思主義哲學的當代型態應當是馬克思主義哲學本性的動態表現。全面準確理解馬克思主義哲學的基本規定是建構馬克思主義哲學當代形態的內在根據。如何理解馬克思主義哲學，我國學界頗多歧見。我們認為，應當根據馬克思主義經典作家的一貫論述，尤其是《關於費爾巴哈的提綱》，在與各種非馬克思主義哲學的比較中系統掌握馬克思主義哲學的本質規定。

從總體上看，第一，人與世界關係及其時代特點是馬克思主義哲學的主要對象；第二，人在人與世界關係中居於中心的和主導的地位，人作為主體而對人屬世界的自覺能動把握和對屬人世界的自覺能動創造，影響和制導著人與世界關係的發展方向。應當關心和重視人在人與世界關係中的主體性地位和人在自覺能動活動中的主體性原則；第三，對事物、現實、感性都不能僅從客體的、直觀的和自在的方面去理解，還應從主體的、能動的和實踐的方面去理解；第四，應在環境的改變與人的活動的一致中合理地理解革命的實踐和實踐批判的意義；第五，馬克思主義哲學不僅要以唯物主義的哲學方式辯證地、歷史地理解和解釋世界和人與世界關係，還要以唯物主義的哲學方法幫助人們自主地、人道地和實踐地改變世界，改善和發展人與世界的關係；第六，馬克思主義具有唯物性、辯證性、歷史性、人道性、實踐性，是辯證的、歷史的、人道的、實踐的唯

物主義。

馬克思主義哲學的唯物性是在與各種形式的唯心主義的比較與論爭中凸現出來的。作爲一種「新唯物主義」，馬克思主義哲學承認關於世界統一性問題研究的意義，並在唯物主義與唯心主義關於世界本原問題的漫長爭論中堅定不移地站在唯物主義立場上，旗幟鮮明地反對各種形式的唯心主義，堅決捍衛世界的物質統一性原則，堅持物質對於意識的根源性、先在性、本原性、基礎性，承認意識對於物質的派生性和依賴性，並根據當代實踐、科學和哲學研究的最新成就，對世界的物質本原和物質統一性做出符合時代水平的說明，提供了關於自然、社會和人類的內在統一性的科學的哲學世界圖景，創立了自己的新唯物主義。

馬克思主義哲學的辯證性是在與機械論、形而上學的比較中凸現出來的。它包含著對費爾巴哈的舊唯物主義的直觀性的科學批判，也奠定在對黑格爾唯心主義辯證法的神秘性的合理改造的基石之上。馬克思強調對世界的實踐理解，這實際上就是辯證的理解。辯證法的批判性和革命性是在現實世界的辯證運動中得到表現和實現的，它不僅是自然辯證法，也是社會辯證法、歷史辯證法、人性辯證法、思維辯證法、實踐辯證法等，是眞正具有廣泛性、普適性和有效性的辯證法。它不僅是客觀辯證法，也是主觀辯證法、活動辯證法。它不僅關注人與世界關係的自在的辯證運動，而且把人的感性實踐活動作爲一種積極因素加入到人與世界的辯證運動過程之中，通過實踐的合目的性展開來影響人與世界關係的辯證發展方向和過程，並在這個過程中來達到對於人與世界關係的辯證理解。馬克思主義哲學是一種合理型態的辯證法，是辯證的唯物主義。

　　馬克思主義哲學的歷史性也是在與舊唯物主義的非歷史性相比較中凸現出來的。它具有雙重含義，其一是在觀察、理解和說明任何哲學對象與哲學問題時都應加以自覺貫徹應用的強烈而又深沈的歷史視野、歷史邏輯和歷史方法，其二是對於人類社會歷史的密切關注、深刻理解和獨到解釋。黑格爾在社會歷史觀上第一次正確地把人類歷史描寫為一個辯證運動和發展過程，並試圖揭示這個過程的內在規律性，從而顯示出巨大而深沈的歷史感，但他把社會歷史的本質及其運動規律歸結為那神秘的絕對精神及其外化，最終達不到對社會歷史的唯物主義解釋。舊唯物主義在自然觀上是唯物的，但在對社會歷史的哲學解釋上則完全是唯心主義的，原因在於他們不懂得也無法正確解釋社會歷史的複雜性和多樣性，缺乏一種總體的、辯證的、歷史的和實踐的視野和方法。馬克思和恩格斯創立歷史唯物主義，在於他們把認識的出發點放在人類的實際社會生產和社會生活，堅持不是從觀念出發來解釋實踐，而是從物質實踐出發來解釋觀念的東西，不僅重視對於社會歷史一般規律的整體把握，而且注重去把握各種具體社會形態，強調在對人體的解剖中去探索把握猴體的鑰匙，在物質利益的分化和階級利益的對立中揭示階級社會的特殊矛盾結構和階級鬥爭的根本原因，並在對資本主義的歷史和現實矛盾的深刻分析中揭示出社會發展的未來走向，建構起未來共產主義的理想模型，並通過將其訴諸群眾、訴諸無產階級、訴諸實踐來引導社會歷史的發展方向，促進歷史向世界歷史的轉變，促進人的自由全面發展。

　　馬克思主義哲學的人道性或為人性也是在與舊唯物主義的非人性中凸現出來的。在馬克思主義產生之前，人道主義始終是資產階

級的重要思想武器，有著唯心主義的特定內涵。與資產階級和唯心主義強調人、尊重人甚至抽象地發展人的能動方面形成鮮明對照，舊唯物主義卻忽視人、漠視人甚至敵視人，即便在自稱為人本主義者的費爾巴哈那裏，所看到的也只是抽象的人，是理想化了的愛與友情。馬克思認為，人的本質在其現實性是一切社會關係的總和，因而只有在一定的社會關係中才能得到實現；而要消滅資本主義條件下的異化，就必須與對現實制度的改造結合起來，而這正是共產主義的任務。正是在這種意義上，馬克思把共產主義、唯物主義內在地聯繫起來，把自己叫做「實踐的人道主義」，認為「正像無神論作為神的揚棄就是理論的人道主義的生成，而共產主義作為私有財產的揚棄就是對真正的人的生活這種人的不可剝奪的財產的要求，就是實踐的人道主義的生成一樣，……共產主義是以揚棄私有財產作為自己的、仲介的人道主義。」（《馬克思恩格斯全集》第四十二卷，人民出版社，一九七九年版，頁174）從總體上看馬克思主義哲學對於人的關注至少包含著以下基本點：①無論在現實上還是在觀念中都應以現實的、活動著的個人作為出發點；②現實的個人本質上是一種世界歷史性的存在；③人的類特性是人的自由和自覺的活動，即勞動；④私有制的產生伴隨著也加速了人類的階級分化；⑤資本主義私有制所造成的勞動異化只有通過消滅造成異化的條件才能消除；⑥人類解放與個性解放之間具有某種特殊的內在一致性。在馬克思看來，一方面，單個人的解放只有在全人類的世界歷史性解放中才能得到徹底的實現，另一方面每個人的自由發展是一切人自由發展的條件。因此人類解放與個人解放、每個人的自由全面發展與一切人的自由全面發展之間互為條件，共同構成世界歷史進步的共

產主義運動。「這種共產主義，作爲完成了的自然主義，等於人道主義，而作爲完成了的人道主義，等於自然主義，它是人和自然界之間、人和人之間的矛盾的眞正解決，是存在和本質、對象化和自我確證、自由和必然、個體和類之間的鬥爭的眞正解決。它是歷史之謎的解答，而且知道自己就是這種解答。」（《馬克思恩格斯全集》第四十二卷，人民出版社，一九七九年版，頁120）正是在這種意義上，馬克思主義哲學可以看作一種人道的唯物主義。

馬克思主義哲學的實踐性是與所有非馬克思主義哲學的比較中凸現出來的。實踐性是馬克思主義哲學的最本質、最重要特徵之一，是馬克思主義哲學區別于和超越於一切唯心主義和舊唯物主義的最根本之點。對人類社會實踐的深切關注和科學理解，並把實踐觀確立爲新哲學的基礎是當年馬克思實現哲學史上偉大革命變革的關鍵一環。馬克思強調以唯物主義的能動性觀點科學地理解和解釋實踐，認爲實踐既是人與外部世界進行物質、能量和資訊變換的最基本方式，又是有意識、有目的地進行的，是人的理智、情感、意志等內在本質力量的對象性表現，它集中體現著人類理性的機巧，實現著人的內在尺度與外在事物的尺度的統一。實踐是一種革命的批判的活動，它表現著人的創造性本質，引起外部世界的合目的性變化，是人與世界關係發展和社會文明進步的最積極力量。馬克思強調從科學實踐觀的角度來理解人、人的世界和人與世界關係及其時代特點，幫助人們更好地生產、生活，處理人與世界的複雜關係。正是在這種意義上，馬克思把自己的哲學叫做實踐的唯物主義者，並將其與共產主義者聯繫起來，認爲「實際上和對實踐的唯物主義者，即共產主義者說來，全部問題都在於便現存世界革命化，實際

地反對和改變事物的現狀。」（《馬克思恩格斯選集》第一卷，人民出版社，一九七二年版，頁48）

這裏尤需注意的是，馬克思主義哲學的唯物性、辯證性、歷史性、人道性和實踐性都不是單獨的、孤立的，而是系統的、互滲的，只能在整體中加以理解，而實踐性則既是馬克思當年實現哲學變革的最根本之點，也是綜合系統理解馬克思主義哲學科學本性的最關鍵之點，它是馬克思主義哲學保持自己的科學性、革命性和批判性，從而能夠不斷自我更新、自我發展的最重要之點。

五、透視我國哲學研究中的主要問題，強化哲學研究的「學科群」意識

馬克思主義哲學型態的當代建構，既應是我國哲學研究進程合乎邏輯的承接和發展，又應是對其現存問題和局限的克服與超越，帶有形態學意義上的革命性。

一九七八年以來，我國的哲學研究取得了長足的進步，形成了馬克思主義哲學、西方哲學、中國哲學三足鼎立而與其他分支哲學相伴相隨的局面，相應地形成了以各主幹分支哲學為軸心的若干研究群體，這無疑是可喜的。但目前存在的一個顯著問題是各分支哲學及其研究者之間存在著相互分離與彼此脫鉤的情況，各研究者主要在學科內活動而少有學科際的交流與合作。不僅研究中國哲學、西方哲學、馬克思主義哲學的人之間少有跨學科的溝通與對話，即使研究馬克思主義哲學的人也被分成了辯證唯物主義、歷史唯物主義、馬克思主義哲學史與馬列主義經典著作、毛澤東哲學思想等不

同的分支學會，而少有實質性的跨分會和跨分支哲學交往與合作。在這種情況下，學者們對我國跨世紀哲學發展戰略的探討也往往僅僅從各自所在的分支學科出發並侷限於自己所熟悉的學科內部，而缺乏對於哲學發展的整體視野和整體規劃。例如，在馬克思主義哲學研究中，多年來大家一直關注的體系探索與建構，實際上是在脫離當代中國哲學和西方哲學的背景下展開的，是在馬克思主義哲學內部談馬克思主義哲學的改革與發展，這實際上難以有真正符合時代要求的突破與進展。近年來，不少學者意識到了這種缺陷與隔障並力圖有所超越，但尚未找到合理有效的途徑。這種情況如不盡快改變，勢必妨礙我國哲學研究的深化和發展。我們認為，馬克思主義哲學的當代型態，無論就其理論內容還是形式結構而言，都應當是包含著多方面、多層次、多分支而又有嚴密內在邏輯結構和哲學學科群。這種學科群的體系結構表達著人類哲學思維在當代的廣度、深度、真度和縝密程度。

把哲學學科群的探索與建設作為我國跨世紀哲學發展戰略，實質上是要按照哲學思維發展的內在規律和哲學學科自我建構的內在邏輯來更加自覺地研究和發展哲學，促進我國哲學研究的深度分化與高度綜合。具體說來，這種研究有必要從以下幾個層面展開。

第一，元哲學層面，要加強對於哲學觀、哲學觀念、哲學形態學、哲學方法論的研究。注意哲學觀念的時代性變遷及在各分支哲學中的具體延展，注意解決哲學和馬克思主義哲學自身發展中的元問題，注意以真正哲學的態度和方式來研究和發展哲學。

第二，分支哲學間關係層面，要注意研究和理順各分支哲學間的關係。按照目前我國國務院頒發的學科目錄，哲學分為馬克思主

義哲學、中國哲學、外國哲學、倫理學、邏輯學、科學技術哲學、美學、宗教學等八個二級分支學科。這種分法實際上是國別區域標準與學科性質內容標準混用的，其間一定包含著許多交叉與互滲，同時也難免留下一些空檔或遺漏，需要我們著力加以研究和解決。建設哲學學科群，其重要任務之一就是要創造條件，盡快理順這些分支哲學之間的關係，找準馬克思主義哲學在當代世界哲學體系中的位置。

第三，在各分支哲學內部，要注意解決其歷史與現狀、理論與著作、體系與問題等內在關係，建立起既有相對穩定性又有極大開放性的分支哲學形態。應當說，各分支哲學都有其發展的歷史，都有其重要的人物和著作，也有其問題和體系等。處理好各分支哲學內部各個方面的關係結構，注意到內部體系的完整性與科學性，至關重要。在馬克思主義哲學這個二級分支學科中，既有馬哲史、馬哲原著、馬哲原理的關係，也有認識論、本體論、實踐論、價值論、評價論、方法論等分支哲學，還有馬克思、恩格斯、列寧、斯大林、毛澤東、鄧小平等人物哲學，這就構成一個有機網路。只有對它們之間的關係做綜合性的考察與整體性建構，才能理順其關係，建設起結構合理的分支哲學體系。

第四，亞分支哲學層面，要努力在哲學與實踐、科學、文化等的相互結合和滲透關係中建立和發展各種新興的亞哲學分支系列，如社會哲學、歷史哲學、政治哲學、教育哲學、文化哲學、科學哲學、語言哲學等，又如社會認識論、科學認識論、道德認識論、文化認識論等，再如社會本體論、社會評價論、社會進步論、社會風俗論、社會心態論、社會理解論、社會理想論、社會決策論、社會

認識方法論、社會認識進化論，等等。一方面通過這眾多的亞分支哲學系列與現實的社會實踐與科學之間達到更加細緻的相互溝通與滲透，使哲學能有更堅實的實踐和科學基礎。另一方面通過這眾多的亞分支哲學而使原來處於內部分離狀態的哲學分支學科之間更加有機地結爲一體，形成網路體系。

六、強化馬克思主義的批判精神，突出馬克思主義哲學的規範功能

探索和建構馬克思主義哲學的當代形態，就其目的和功能而言，是要更好地發揮馬克思主義哲學不僅唯物地辯證地和歷史地解釋世界，而且人道地實踐地改造世界的功能。因此，馬克思主義哲學不僅是描述性的，也是革命的、批判的、規範性的。它不僅要以唯物主義的方法盡可能眞實地反映和描述人與世界關係的歷史和現實，還要在人的尺度和物的尺度、內在尺度和外在尺度、合目的性和合規律性的統一中評價人與世界關係的歷史和現實，批判其不合理方面，預示其合理化方向。爲此，馬克思主義哲學必須進行多種批判和多重建構。一方面，立足於對人與世界關係的歷史、現實和未來走向的洞悉來批判理論，使理論更加科學化，另一方面依據科學的理論來批判人與世界關係的現實和人的實踐的不合理性，使人的實踐更加合理化；一方面以哲學方式幫助人們從事理論批判，另一方面幫助人們從事實踐批判；一方面批判對象，一方面批判自我。在多重批判的基礎上既規範對象，又規範理論；既規範認識，又規範實踐；即使理論趨向於合理的實踐，又使實踐趨向於科學的理論，

使理論與實踐在科學性與合理性的雙重基礎上展開其有機動態統一進程，促進人與世界關係的健康持續和諧協調發展。

第十一章　關於中國哲學統合發展的一個可能向度
——以「生活世界」與「意義詮釋」為核心的思考

林安梧

○、楔　子

　　近年來，臺海兩岸中國學術頗有發展，以哲學而言，可以說已進入了「後」（Post）學階段。原先的馬克思主義轉至新馬克思主義，進而「後馬克思主義」的思考。繼承宋明理學的當代新儒學思想曾經蔚為顯學，如今也轉至「後新儒學」的思考。其他，諸如士林哲學、自由主義、實用主義、分析哲學，也都伴隨著後現代的省察，在諸如現象學、解釋學、文化批判的推波助瀾下，更為具體而實存的滲入到整個學術的生活世界之中，造就一多元互動與辯證之可能。這些年來，我之所以倡言「後新儒學」便是在這樣的脈絡下長

成的。現在，我想藉此題綱提出《後新儒學的「存有學」與「解釋學」》，以就教於學術界的師友。

一、問題的緣起

0.今爲此文實欲對當代新儒學做一批判性之繼承與發展也。當代新儒學之所重爲良知主體及躬行實踐，而於此文，余則進言之論其「生活世界」與「意義詮釋」。

0.1.牟師以自由無限心並援康德（I. Kant）哲學之「智的直覺」（Intellectual Intuition）而以之闡釋儒學之良知主體，此是承陽明學而開啓者。然陽明學躬行實踐頗著成功，而當代新儒學於此則稍缺，原因何在？吾以爲此乃因牟師所說之「自由無限心」、「智的直覺」等語言，於其系統言之，多具理論性格與邏輯性格，而非眞存實感於歷史社會總體之語也。

0.2.牟師雖力言其學爲一道德的形而上學（Moral Metaphysics），然此道德的形而上學實仍祇是經由一邏輯性格、理論性格構造而締造一形而上保存之物這樣的形而上學，是一絜靜而夐然無染之形而上學，此與人間社會隔而絕矣！

0.3.或可如是申言之，牟師所說之良知主體乃一先驗且夐然絕待之良知，雖亦論其「即寂即感」，然畢竟是智識之事。此良知主體重在形式義、普遍義、超越義，衡諸人之爲一實存有血有肉之人間存在，此良知主體當從生命聲息之眞實感動處說，實不宜上遂至道體處說也。

0.4.直以一形式義、普遍義之層次將良知上遂於道體而視之，或

直等同之，則易生光景。宋明儒嘗以光景爲戒，其爲戒多屬修行工夫爲戒，吾今提此以爲戒，則以爲理論亦多有光景者在。如牟師所言，吾儒、道、佛所潤之蒼生乃一自足圓滿之存在，餘皆不必深論矣！若謂吾等皆是一良知本體當下顯現之人，人之病痛視之太輕易爾！實者，人之有限性，不可忽視也。

0.5.陽明之良知義實可得其人間學之生活脈絡義，牟師所說之自由無限心則不免失其生活脈絡義，雖戮力言其爲呈現，然生活脈絡義既失，故此呈現亦祇理論脈絡義下所說之呈現，非生活脈絡義之呈現，此與當前歷史社會總體之異於傳統社會有關。以是之故，吾人以爲牟師所說之自由無限心實僅得其形而上之保存作用也。

0.6.以是之故，我想免除主體主義及形式主義可能之弊，故多闡發熊十力體用哲學之可能資源，由「存有的根源」（境識俱泯）、「存有的開顯」（境識俱起而未分）、「存有的執定」（以識執境），等諸多連續一體之層次以疏解「生活世界」與「意義詮釋」之論題。

二、總綱：「生活世界」與「意義詮釋」

1.「生活世界」一詞指的是吾人生活所成之世界。

「生」是通貫於天地人我萬有一切所成之總體的創造性根源。

「活」是以其身體、心靈通而爲一展開的實存活動。

「世」是綿延不息的時間歷程。

「界」是廣袤有邊的空間區隔。

1.1.「生活」是由通貫於天地人我萬有一切所成之總體的創造性根源，落實於人這樣的一個「活生生的實存而有」，以其身體、心

靈通而爲一，因之而展開的實存活動。

1.2.「世界」是此綿延不息的時間歷程與廣表有邊的空間區隔。時間歷程本無區隔，空間之廣表亦本爲無邊，但經由人之「智執」，因之而有區隔，亦因之而能得交錯。

1.3.生活之爲生活是因爲人之「生」而「活」，世界之爲世界亦因人之參與而有「世」有「界」。

1.4.「生活世界」是「生—活—世—界」，是「生活—世界」，是「生活世界」，是天地人三才，人參與於天地之間而開啓之世界。

2.「意義詮釋」指的是吾人以其心意，追求意義，開啓的言說，道亦因之而彰顯。

「意」是「意向」，是由純粹意向而走向一及於物的意識狀態。

「義」是由「意向」之走向一及於物的狀態，因之而生的意義理解。

「詮」是「言詮」，是由意向、意義而開啓的言說、徵符。

「釋」是「釋放」，是由總體之創造性根源的「道」之彰顯與釋放。

2.1.「意義」是由「境識俱泯」、「境識俱起而未分」下的純粹意向，進而「境識俱起而兩分」，因之而「以識執境」，這一連串不息之歷程而生者。

2.2.「詮釋」是由意義所必然拖帶而開啓之言說、徵符所構成者，如此之構成實乃道之彰顯與釋放。

2.3.「意」之迴向於空無，而「義」則指向於存在。「詮」之指向「言說」與「構造」，而「釋」則指向「非言說」與「解構」。

2.4.「意義詮釋」是「意—義—詮—釋」，是「意義—詮釋」，

是「意義詮釋」，是人由其「本心」，經其「智執」，參與於天地人我萬物而開啓者，而生之解放者。

三、分釋一：「生」──總體的創造性根源

3.「生」是通貫於天地人我萬有一切所成之總體的創造性根源。

3.1.如此說「生」，是承繼於「天地之大德曰生」之傳統而說者。

3.2.說「天地之大德」是因「人之參與」而有天地之大德。

3.3.換言之，由中庸、易傳之形而上的立言，而往人的心性論走，並無所謂宇宙論中心的謬誤。

3.4.問題的關鍵點在於並不將宇宙推開去說，而是將宇宙與人關連成一個整體來說，是宇宙原不外於人，人亦當不外於宇宙。（陸象山語「宇宙原不限隔人，人自限隔宇宙」）

3.5.宇宙論、本體論、心性論、實踐論是通而爲一的。

3.6.不是由人之心性去潤化一個形而上之理境，因之人之道德實踐論而開啓一道德的形而上學，而是「天、地、人交與參贊」。

3.7.「交與參贊」的強調是要闡明一「非主體主義」的立場，而是一主客交融，俱歸於寂，即寂即感，感之成「執」，又能迴返於「無執」。

3.8.「無執」與「執」並非決定於「一心開二門」，而是取決於「存有的根源─X」（境識俱泯）、「無執著性、未對象化之存有」（境識俱起而未分）、「執著性、對象化的存有」（境識俱起而兩分，進而以識執境）這歷程。

3.9.關聯於此，吾人可說如此之立場較近於「氣」之感通的傳統，

而以爲「心即理」的「本心論」與「性即理」的「天理論」皆有可議者。其爲可議，皆應銷融於「氣的感通」這大傳統中，而解其蔽。

四、分釋二：「活」──身心一如的實存活動

4.「活」是以其身體、心靈通而爲一展開的實存活動。

4.1.「身體」與「心靈」是通而爲一的，不是「以心控身」，而是「身心一如」。

4.2.「以心控身」，是身心分隔爲二，而「身心一如」則是打破此分隔，回到原先的無分別相、無執著相。

4.3.關聯著「以心控身」，是「以識執境」；「身心一如」則是「境識俱泯」，渾歸於寂。

4.4.再者，「以心控身」身之作爲心所宰控者，身是隸屬於心的，嚴重的說「身」成了「心」之奴，「心」則爲「身」之主。

4.5.這樣的「主奴」關係，就中國文化而言是與其「父權社會」與「帝皇專制」密切關聯在一起的。

4.6.「主奴式的身心論」這樣所構成的心性論傳統，必然會走向吃人的禮教、以理殺人。

4.7.破除「主奴式的身心論」，回到原初的「主客交融式的身心論」，不再是「以心控身」，而是「健身正心」。

4.8.「健身正心」、「身心一如」，所以不再強調「一念警惻便覺與天地相似」，而是「天地人交與參贊」。強調「身」的活動帶起「心」的活動，「心」的活動又潤化「身」的活動。

4.9.「活」是以其身體、心靈通而爲一所展開的實存活動，這是

活生生的實存而有的「實—存—活—動」。

五、分釋三：「世」——綿延不息的時間歷程

5.「世」是綿延不息的時間歷程。

5.1.時間是綿延不息的，也是刹那生滅的。

5.2.就其綿延不息，我們說其非空無，但彼亦非一可對象化之存在。

5.3.就其刹那生滅，我們說其還本空無，此亦非一對象的空無，而是一場域之空無。

5.4.「場域之空無」是使得一切有之所以可能的天地（Horizon），這是在未始有命名之前的存在，所謂「無名天地之始」是也。

5.5.「場域之空無」非空無，這亦得回返到「境識俱泯」（即迴返到「存有的根源—X」上來說，從此而可知時間乃是道之彰顯所伴隨而生者。

5.6.「場域之空無」使得「天地人交與參贊而成之總體」因之而得開顯，就此開顯而爲綿延不息。

5.7.「綿延不息」與「人」之參贊化育密切相關。這是從「場域之空無」走向「存在之充實」，儒學之爲實學所重在此充實之學也。

5.8.佛老皆強調回到場域之空無，而儒家則強調落實於存在之眞實，因之主張綿延不息。

5.9.「場域之空無」不宜理解爲「斷裂」，而宜理解爲「連續」的背景與依憑。「綿延不息」則與中國傳統的天地人我萬物所採取的「連續觀」密切相關。這是「氣的感通」傳統。

六、分釋四：「界」——廣袤有邊的空間區隔

6.「界」是廣袤有邊的空間區隔。

6.1.廣袤而有邊，這是落在人之「智執」而說的，這是由「存有的根源—X」之走向「存有的開顯」，進而走向「存有的執定」而起現的。

6.2.「智執」並不是隨「一念」之轉而起現，而是在存有的開顯歷程中，有所轉進。換言之，並不是如《大乘起信論》的方式，說「一心開二門」。

6.3.溯及於「存有的根源」，則亦回到「場域之空無」，此是無時間相、無空間相，但此卻是一切開顯的根源。此如上節所論。

6.4.世界云者，指的是「時空的交錯」，此交錯並不是落在智執所生而為交錯，而是在存有的根源處本為一體，故後之起現得以交錯。

6.5.「世界」是「世」「界」，是時間之綿延作用在空間之區隔，這樣的哲學不同於一般西方的主流傳統之以空間為主導，而且彼所說之空間又是一執著性、對象化所成之空間，因而時間性被忽略了。

6.6.這也就是為何中國哲學談論的問題核心集中在「生生」，而西洋哲學所談論之問題則集中於「存有」。

6.7.換言之，我們說「世界」便隱含有「生生」義，就是一「生活世界」。相對言之，西洋哲學之主流所論之「World」則是一對象化之存在，即如說「Life World」亦無法如中國傳統之能回到「境識俱泯」那「場域的空無」中，再因之而談道體之彰顯。

6.8.如是言之，我們知道「界」之爲智執所做之區隔，此並非一「定執不變」之區隔，而是一「暫執可變」之區隔；且彼等皆可通而爲一，渾然一體。

6.9.「界」還歸於「無界」，由「無」到「有」，這是一連續，而不是「斷裂」，這是由「場域之空無」而到「存在之充實」，是以「氣」爲主導下的「默運造化」。

七、分釋五：從「純粹意向」到「意義詮釋」

7.「意」是「意向」，是由純粹意向而走向一及於物的意識狀態。

「義」是由「意向」之走向一及於物的狀態，因之而生的意義理解。

7.1.於此所說之「意」有兩層，一是如陽明所說之「心之所發爲意」，另一是如蕺山所言之「意是心之所存，非心之所發」，此二者看似相反，實則是兩不同層次。

7.2.蕺山所言乃是一純粹之意向，陽明所言則是由此純粹意向而走向一及於物之狀態。若以「意」、「念」區別之，蕺山所言爲「意」，而陽明所言爲「念」。

7.3.「意」是「意識前之狀態」（pre-consciousness），而「念」則是「意識所及之狀態」（consciousness）。「意」是「境識俱泯」、「境識俱起而未分」的純粹意識狀態。「念」是由此「境識俱起」進而「以識執境」，這是由「存有的開顯」而走向「存有的執定」之狀態。

7.4.由「意」而「念」，這是一連續的歷程，而不是一斷裂的區

隔。不宜將「意」之做爲「主體」視之，而將「念」則視爲此主體所對治之對象。宜將「意」、「念」關聯成一個相續如瀑流之理解，然最後則可歸返於「意」，是一「場域的空無」，是「境識俱泯」之境地。

7.5.「念」之及於物，可「因執成染」，但「念」亦可往上溯而「去染銷執」，還歸於「場域的空無」。如此做法，則可以破解主體主義的傾向，而還歸於主客交融俱歸於寂。亦可緣此寂，即寂即感，感而及於物，成就一存有的執定。

7.6.因「意」而「念」，「念」之及於「物」，而起一「了別」之作用則爲「識」，這樣的了別是對於由純粹意向而及於物這樣的主體對象化活動所成者。所謂「意義」即落在此存有之執定下所生之理解而說的。

7.8.意義之理解雖起於「意」、「念」、「識」這樣的「智執」，但追本溯源則是意識前之狀態，是純粹意向，是歸本於「場域之空無」的狀態。此即吾人於2.1.所言「『意義』是由『境識俱泯』、『境識俱起而未分』下的純粹意向，進而『境識俱起而兩分』，因之而『以識執境』，這一連串不息之歷程而生者。」

7.9.意義之理解實不外於「存有的根源─Ｘ」、「存有的開顯」、「存有的執定」這樣的「意─義」，「意」之迴向於空無，而「義」則指向存在。意義的理解，實踐的開啓，都是存有學的顯現。

八、分釋六：從「意義詮釋」到「社會實踐」

8.「詮」是「言詮」，是由意向、意義而開啓的言說、徵符。

「釋」是「釋放」，是由總體之創造性根源的「道」之彰顯與釋放。

8.1.關聯如前所說之「意義」乃是「意─義」，則可知「言詮」必落在生活世界，然此生活世界非設一外在義之世界，再將之收攏於內在而說的生活世界。生活世界乃是天地人交與參贊而成，活生生的實存而有的世界。

8.2.「言詮」指向「存有的執定」，但「言詮」則歸本於「無言」，此是「場域之空無」，是「存有的根源」，是「境識俱泯」。這也就是說一切言詮既可以建構，亦可以解構。

8.3.如其建構而言，與吾人之「智執」密切相關，此是由「意」、「念」、「識」而成者，這是不離我們人這活生生的實存而有之生長於一生活世界所成者。

8.4.舉凡與此相關之一切言說、徵符皆可以視之，這是人「身心一如」而涉及於「歷史社會總體」之活動所構造者。在理論上，「心」有其優先性，然而在實踐上，「身」則是優先的。

8.5.在理論上，「無言」是優先於「言詮」的；但在實踐上，則「言詮」優先於「無言」。這也就是說在我們的生活世界與歷史社會總體裏，到處是充滿著「言詮」的，我們即於此而展開我們的詮釋活動；但這樣的詮釋活動則是上溯於無言的。

8.6.正因其上溯於「無言」，我們因之而可說一切之言詮都是「由總體之創造性根源的『道』之彰顯與釋放」。這也就是說「詮釋」的「詮」是指向「言說」與「構造」，而「釋」則指向「無言」與「解構」。

8.7.將「言說」／「無言」，「構造」／「解構」連續成一個整

體之辯證之歷程，這正預涵著一道德實踐論與社會批判論。我們可以說「意義詮釋」與「道德實踐」、「社會批判」三者關聯統貫為一的。

8.8.意義詮釋必指向道德實踐，必指向社會批判，這裏所說的「必」，是因為意義詮釋是「意—義—詮—釋」，是以「場域之空無」「境識俱泯」、「存有的根源」做為開啟的原初者，此原初者即涵有一不可自已的下貫到生活世界的動力。「意」是淵然而有定向的，道德實踐與社會實踐是純粹之善的意向性所必然開啟者。

8.9.如前所說「意義詮釋」不能停留在「言說」系統上，也不能轉而為一外於歷史社會總體之「心性修養」，而宜通極於道德實踐與社會批判。這正如2.4.所說「『意義詮釋』是『意—義—詮—釋』，是『意義 —詮釋』，是『意義詮釋』，是人由其『本心』，經其『智執』，參與於天地人我萬物而開啟者，而生之解放者」。

國家圖書館出版品預行編目資料

兩岸哲學對話：廿一世紀中國哲學之未來

林安梧主編. – 初版. – 臺北市：臺灣學生，
2003[民 92]
面；公分

ISBN 957-15-1198-6 (平裝)

1. 哲學 – 中國 – 論文，講詞等

120.7   92019937

兩岸哲學對話：廿一世紀中國哲學之未來（全一冊）

主　編　者：林　　　　安　　　　梧
出　版　者：臺 灣 學 生 書 局 有 限 公 司
發　行　人：盧　　　　保　　　　宏
發　行　所：臺 灣 學 生 書 局 有 限 公 司
　　　　　　臺 北 市 和 平 東 路 一 段 一 九 八 號
　　　　　　郵 政 劃 撥 帳 號：0 0 0 2 4 6 6 8
　　　　　　電　話：（0 2）2 3 6 3 4 1 5 6
　　　　　　傳　真：（0 2）2 3 6 3 6 3 3 4
　　　　　　E-mail：student.book@msa.hinet.net
　　　　　　http：//studentbook.web66.com.tw
本書局登
記證字號　：行政院新聞局局版北市業字第玖捌壹號
印　刷　所：宏 輝 彩 色 印 刷 公 司
　　　　　　中 和 市 永 和 路 三 六 三 巷 四 二 號
　　　　　　電　話：（0 2）2 2 2 6 8 8 5 3

定價：平裝新臺幣二四○元

西 元 二 ○ ○ 三 年 十 二 月 初 版